공자의 길, 산하에서 찾다

김 영 호 지음

덕은 천지와 나란하고
도는 예와 지금에 으뜸일세
육경을 깎아내고 서술하여
법을 만세에 드리웠네
― 당, 오도자 ―

머리말

　고교 1학년 때 『논어論語』를 통해 공자와의 만남 이후로 어언 36년이라는 세월이 흘렀다. 대학도 유학儒學의 이념에 의해 설립된 대학을 다녔고 유가철학을 전공하고 석사와 박사논문의 주제는 모두 공자와 『논어』였고 일반 논문도 주로 조선시대 유학자의 논어설을 쓰고 있다. 지금은 대학에서 매 학기마다 『논어』를 두 강좌 이상 강의하고 있으니 나와 공자와의 인연은 참으로 오래되었고 기이하기도 하다. 게다가 운 좋게도 대학 1학년 때(77년도) 성균관대를 방문한 공자 77대 종손 공덕성孔德成선생의 강의를 직접 들으며 공자의 인격과 풍모를 상상하기도 하였다. 그러나 스스로 자평하건대 내가 지금까지 알고 있는 공자는 공자의 진정한 모습과 사람 됨이라기보다는 단순히 책을 통해서 이성으로만 이해하고 접근한 공자였다. 나이가 30대를 넘어 40대로 접어들면서 이제까지의 공부는 그야말로 구이지학口耳之學인 '책은 책이고 나는 나'(書自書, 我自我)인 것을 새삼 깨닫게 되었다. 진정으로 공자의 사상을 마음과 정신으로 느끼고 받아들이며 실천하려고 한 적이 있는가를 엄숙히 스스로 물어보게 되었다. 결론은 그렇지 못하다는 것이었다. 이런 고민은 이후 계속 이어졌다.
　그러다가 2008년 50세가 되어 공자의 '천명天命을 아는'(知天命.『논어』「위정」) 나이가 되었다. 그러나 부끄럽게도 스스로 생각하기에 하늘의 명령을 알기에는 아직까지 요원하였다. 나는 평소 자신의 사명使

命을 알아야 한다고 생각했는데 사명을 알기 위해서는 이전과는 다른 어떤 계기가 필요했다. 이에 대해 고민하던 중 중국에서 사업을 하는 친구와 대화를 나누다가 공자의 주유천하周遊天下 14년의 노선을 직접 더듬어 보면서 공자의 이상과 고뇌와 좌절 그리고 진정한 공자로의 거듭남을 느껴보며 나 자신을 다시 되돌아보고 이후의 인생과 학문의 길에 도움이 되게 하는 것이 어떨까 하는 의견을 교환하게 되었다.

그래서 2008년 7, 8월 2차에 걸쳐 이전의 공자유적 답사와는 달리 공자가 주유천하한 지역인 산동성山東省과 하남성河南省을 중심으로 집중적으로 답사하였다. 원래는 한 달 정도 시간을 잡아 집중적으로 답사하여야 하였다. 그런데 제반 사정으로 인하여 부득이 빈 시간을 이용하여 2차로 나누어 답사하게 되었다. 공자의 유적지는 94년을 시작으로 총 5차에 걸쳐 방문하였지만 이번에는 이전에 가보지 않은 곳이 많이 있고 특히 제자들 유적지까지 추가되었다. 게다가 이전에는 한 번도 가보지 않았고 유의하지 않았던 하남성의 유적지는 물론 노자의 함곡관까지 답사한 그야말로 양적으로나 질적으로 풍부한 최고의 답사였다.

금번 답사는 이전의 여행사가 정한 일정대로의 일반적인 코스나, 학회 또는 모임에서의 공자유적 답사코스와는 달리 08년 초부터 공자의 유적(특히 주유천하 기간)과 관련된 자료를 직접 중국 현지에서 조달해서 미리 내가 답사 일정과 유적지를 면밀하게 배려하여 계획한 작품이었다. 이를 위해서 중국 현지 여행사와 답사 하루 전날까지도 끊임없이 일정과 유적지를 조절하고 발굴하였다. 심지어는 답사 일정 중에도 계속해서 새로운 자료(유적지)가 발견되면 일정을 가감해서 조정하기도 하였다. 간혹 시간이나 지역 안배 상 추가하거나 삭제한 곳이 있기는 하지만 내가 금번에 방문한 공자유적지는 지금까지 어느 누구보다도 충실하고 완벽한 주유천하 답사였다고 자부한다. 게다가 유적지 답사를 통해서 시각적으로 얻는 유형의 것은 물론 마음과 정신에 느꼈던 많은 무형의 경험과 체득은 이후 나에게 귀중한 정신적 자산이 될 것이다.

이 책이 나오기까지 도움을 주신 모든 분들께 깊이 감사드린다.

2010년 입추일立秋日 희안당希顏堂에서 후학 金暎鎬 삼가 쓰다.

우여곡절 끝에 『공자의 길, 산하에서 찾다』('산하'는 공자 주유천하의 주 무대인 산동성과 하남성을 가리키며, 또한 태산과 황하 그리고 우리가 사는 이 세상을 의미하기도 함)가 정식으로 세상에 선을 보인다. 답사한 지 시간이 다소 흐른지라 여러 번 정독해 보았으나 특별히 수정할 것이 없어 일부 추기할 부분과 표현의 수정, 보완 외에는 당시의 느낌을 살리려고 그대로 두었다. 부족한 책이지만 그동안 꾸준한 관심과 출간에 도움을 주신 모든 분들께 깊이 감사드린다. 특히 주유천하 기획부터 격려하고 지원해준 외우畏友 이용희님께 고마움을 표한다.

2020년 동지절 추기

일러두기

1. 공자와 직접적으로 관련된 자료로는 『논어論語』, 사마천司馬遷의 『사기史記』 「공자세가孔子世家」, 「중니제자열전仲尼弟子列傳」, 왕숙의 『공자가어孔子家語』, 그리고 『춘추좌씨전春秋左氏傳』, 『장자莊子』가 있다. 본서를 집필함에 있어서 『논어』는 필자의 『논어』-공자와의 대화본을, 『사기』 「공자세가」와 「중니제자열전」은 까치 번역본을, 『공자가어』는 을유문화사본을, 『장자』는 현암사본을 주로 참고하였으며 필요시에는 필자가 새로 옮겼다.

2. 공자의 생애에 대해서는 먼저 사마천 『사기』 「공자세가」를 주로 하고 다음으로 『공자가어』를 적절히 참고하였으며, 그리고 『논어』는 해당 부분에서의 정확한 원문 제시 및 대조를 위해서, 아울러 『사기』 「중니제자열전」과 『장자』도 또한 보조자료로 활용했다. 이 밖에 여러 학자의 연구 성과에서 필요하다고 생각되는 부분도 해당되는 곳에서 서술하였다.

3. 책명은 『 』로, 편명은 「 」로, 대화는 " "로 강조할 때는 ' '로 표시하였다.

4. 원문의 경우 특수한 경우만 제시하였다.

<목 차>

▫ 머리말 / 3
▫ 일러두기 / 6

제1장. 공자의 일생과 주유천하

1. 공자의 일생과 평가 ·· 11
   1) 공자의 일생/ 11   2) 공자에 대한 평가/ 15
   3) 공자의 주유천하 경로/ 17

2. 1차 공자유적 답사에 대하여 ································· 19

3. 2차 공자유적 답사에 대하여 ································· 22

4. 나의 곡부曲阜 방문 회고 ······································· 25

제2장. 공자의 문화유산 답사기

1. 노魯나라에서 ·· 27
   1) 공묘孔廟/ 27   2) 공부孔府/ 29   3) 공림孔林/ 33
   4) 공자작춘추처비孔子作春秋處碑/ 36   5) 기린대麒麟臺/ 39
   6) 무우대舞雩臺, 기수沂水/ 42   7) 고반지古泮池/ 45
   8) 니구산尼丘山/ 47   9) 부자동夫子洞/ 48   10) 니산공묘, 니산서원/ 49

8 공자의 길, 산하에서 찾다

  11) 관천정觀川亭/ 50 12) 양공림梁公林/ 52 13) 태산泰山/ 55
  14) 귀국/ 58 15) 향천向天/ 60

2. 제齊나라에서 ··· 62
  1) 공자문소처비孔子聞韶處碑/ 63

3. 주周나라에서 ··· 67
  1) 공자입주문예처비孔子入周問禮處碑/ 67
  2) 무씨화상사武氏畵像祠/ 70

4. 위衛나라에서 ··· 74
  1) 광匡땅/ 76 2) 습례왕촌習禮王村, 참목촌參木村/ 79
  3) 학당강성묘學堂崗聖廟/ 80 4) 달항당인리達巷黨人里/ 82
  5) 공자회원처비孔子回轅處碑/ 84

5. 조曹나라에서 ··· 86
  1) 조군묘曹君墓/ 87

6. 송宋나라에서 ··· 89
  1) 문아대文雅臺/ 89 2) 공자환향사孔子還鄉祠/ 91
  3) 망탕산芒碭山 부자동夫子洞/ 92

7. 정鄭나라에서 ··· 94
  1) 정한고성鄭韓古城 동문東門/ 95

8. 진陳나라와 채蔡나라에서 ·· 97
  1) 현가대弦歌臺/ 97 2) 액묘厄廟/ 101

9. 초楚나라에서 ··· 105
  1) 섭공문정처비葉公問政處碑/ 105 2) 자로문진처비子路問津處碑/ 107
  3) 부함負函/ 111

제3장. 공자의 시대, 함께한 사람들

1. 공자의 스승 ··· 115
　　1) 주공묘周公廟/ 115　2) 노자의 함곡관函谷關과 태초궁太初宮/ 118

2. 공자의 교우 ··· 122
　　1) 거백옥묘(유지遺趾)/ 122

3. 공자의 제자 ··· 124
　　1) 안묘顔廟/ 125　2) 자로 사당과 묘/ 130　3) 자공묘/ 136
　　4) 민자건묘(유지遺趾)/ 140　5) 증자 사당과 묘/ 141

4. 공자의 후학 ··· 146
　　1) 맹묘孟廟/ 146　2) 맹부孟府/ 148　3) 맹림孟林/ 148

<귀로에서> / 151
<보강> 21세기는 비움과 나눔의 문화 / 153
<참고 문헌> / 168

제 1 장

공자의 일생과 주유천하

1. 공자의 일생과 평가

1) 공자의 일생

먼저 주유천하를 중심으로 공자의 일생에 대해 간략히 알아보자.

(1) 출생

1세(B.C. 551년. 이하 년도는 B.C임. 주영왕周靈王 21년. 노魯나라 양공襄公 22년. 경술년) 노나라 곡부의 교외인 창평향昌平鄕 추읍郰 邑에서 숙량흘叔梁紇을 부친으로 안징재顔徵在를 모친으로 하여 태어났다.

부친인 숙량흘이 나이가 많아 모친인 안징재는 니구산尼丘山에 기도하여 공자를 낳았다고 한다. 그 선대는 송宋나라 사람이다. 이름은 구丘요, 자는 중니仲尼이다.

(2) 청소년기

3세(549)에 부친 숙량흘이 세상을 떠나 편모 슬하에서 자랐다.

어려서 놀 때에도 항상 제기祭器를 차려놓고 예를 행하는 흉내를 내었다.

19세(533)에 송나라의 견관씨丌官氏의 딸을 아내로 맞이했다.

20세(532) 아들 리鯉(자는 백어伯魚)가 출생했다.

24세 모친 안씨顔氏가 세상을 떠났다.

장성하여 위리委吏(곡물창고 관리자)가 되어서는 회계가 공평하고, 사직리司職吏(가축 담당자)가 되어서는 가축이 번식하였다.

27세(525) 노나라에 내조한 담자郯子에게 고대의 관제官制를 배웠다.

(3) 장년기

34세(518) 주나라에 가서 노자老子에게 예를 묻고 돌아오자 제자들이 더욱 많이 찾아왔다.

35세(소공 25년. 517) 소공이 제나라로 망명하여 노나라가 혼란하자 공자는 제齊나라로 가서 고소자高昭子의 가신家臣이 되어서 경공景公에 통하였다. 경공이 니계尼谿의 토지를 공자에게 봉해 주고자 하였으나 안영晏嬰이 반대하여 경공이 미혹되었다.

36세(516) 공자는 마침내 제나라를 떠나 노나라로 돌아왔다.

50세(정공 8년. 502) 공산불뉴公山不狃가 비읍費邑을 근거로 계씨季氏를 배반하고 공자를 부르자 가고자 하였으나 끝내 가지 않았다.

51세(501) 정공이 공자를 중도中都의 읍재로 삼으니 1년 만에 사방에서 본받았다. 그래서 마침내 사공司空(건설부 장관)이 되고 또 대사구大司寇(법무부 장관)가 되었다.

52세(정공 10년. 500) 정공을 도와서 제나라 군주 경공景公과 협곡夾谷에서 회맹會盟하니 제나라 사람들이 노나라에서 빼앗아 간 땅을 반환해 주었다.

54세(498) 자로子路로 하여금 계씨의 가신이 되어 세 도읍의 성을 허물게 하고 갑옷과 무기를 거두게 하였는데, 맹씨孟氏의 집안에서는 성成땅의 성城을 허물려고 하지 않아 포위 공격하였으나 이기지 못하였다.

(4) 주유천하기

55세(497) 제나라 사람들이 여악女樂(미녀 가무단)을 보내어 저지하니 계환자季桓子가 이것을 받았으며 교제郊祭를 지낸 뒤에 제사지낸 고기를 대부大夫들에게 나누어 주지 않자 노나라를 떠났다.*

위衛나라에 가서 자로의 처형인 안탁추顔濁鄒의 집에 머물렀다.

진陳나라로 갈 때에 광匡땅을 지나는데 광땅 사람들이 양호陽虎라고 여겨 포위하였다. 풀려나자 위나라로 돌아와 거백옥蘧伯玉의 집에 거처를 정하였다. 위령공衛靈公의 부인인 남자南子를 만나보았다.

위나라를 떠나 조曹나라를 거쳐 송宋나라에 가니 사마司馬인 환퇴桓魋가 죽이고자 하므로 또 송나라를 떠나 정鄭나라로 갔다. 진나라에 가서 사성정자司城貞子의 집에 3년 동안 머물다가 위나라로 돌아왔는데 영공은 등용하지 못하였다.

진晉나라 조씨趙氏의 가신인 필힐이 중모中牟 땅을 근거로 반란을 일으키고 공자를 부르니 공자는 가려고 하였으나 또한 가지 않았다.

상자 서쪽으로 가서 조간자趙簡子를 만나 보려고 하다가 황하에 이르렀다가 위나라에 돌아와 거백옥의 집에 머물렀다. 영공이 진법陣法을 묻자 배우지 않았다고 하고 떠나 다시 진나라로 갔다.

계환자가 죽을 때에 계강자季康子에게 유언하기를 반드시 공자를 불러 등용하라 하였는데, 그 신하들이 저지하자 계강자는 이에 염구冉求를 불렀다.

공자는 진나라에서 채蔡나라로 가서 섭葉땅에 이르러 섭공을 만나고 다시 채나라로 돌아왔다.

63세(489) 채나라에 옮긴지 3년이 되던 해에 오吳나라가 진나라를 공격하였다. 이때 초나라 소왕昭王이 사람을 보내어 공자를 초빙하자 공자가 장차 찾아가서 예를 갖추려 하였는데, 진나라와 채나라의 대부들이 군대로 포위하였다. 이에 공자는 진나라와 채나라 사이에서 양식이 떨어져 7일 동안이나 굶었다.

초나라 소왕이 장차 서사書社의 땅 700리로써 공자를 봉해주려고 하였는데 영윤令尹인 자서子西가 반대하여 이에 중지하였다.

67세(485) 부인 견관씨가 세상을 떴다.

68세(애공 11년. 484) 염구가 계씨의 장수가 되어 제나라와 싸워 공을 세우자 계강자가 이에 폐백을 보내 공자를 불렀으므로 공자가 노나라로 돌아왔다.

* 이하의 주유천하 연도는 여러 학설이 명확하지 않아 연도는 제시하지 않고 개략적인 사건만 열거한다.

(5) 노년기

69세(483) 아들 리鯉가 50세로 세상을 떴다.

70세(482) 애제자 안회가 세상을 떴다.

71세(애공 14년. 481) 노나라에서 서쪽으로 사냥을 나갔다가 기린麒麟을 잡으니 공자가 『춘추春秋』를 지었다.

72세(480) 자로가 위나라 내란 중에 죽었다.

73세(애공 16년. 479) 임술 4월 을축일(음력 2월 11일)에 세상을 떠났다. 노나라 도성의 북쪽 사수泗水 가에 장례를 지내니 제자들이 모두 심상心喪 3년을 마치고 떠났으나 오직 자공子貢만은 무덤가에 여막을 짓고 모두 6년을 지냈다.

공자는 만년에 자신의 평생을 다음과 같이 회고하였다.

> 나는 열다섯에 학문에 뜻을 두었고,
> 서른에 자립하였고,
> 마흔에 판단에 혼란을 일으키지 않았고,
> 쉰에 천명을 알았고,
> 예순에는 귀로 듣는 것이 거슬림이 없게 되었고,
> 일흔에는 마음이 하고자 하는 바를 따라도
> 법도를 넘지 않았다.(『논어』「위정」)

2) 공자에 대한 평가

여기서 공자에 대한 평가를 알아보자.

공자가 세상을 떠나자 노나라 애공은 "어지신 하늘이 우리 노나라를 돌보시지 않으사 이런 훌륭한 분을 남겨두시지 않으시고 나 한 사람만 임금의 자리에 있게 하시니, 외롭고 외로와 걱정 속에 있게 되었도다. 아, 슬프다, 니보尼父여! 내 스스로 본받을 대상이 없어졌도다."라고 공자를 애도하였다.

공자의 수제자인 안회는 다음과 같이 공자를 평가했다.

> 안연이 감탄하며 탄식하여 말하되 "우러러보매 더욱 높으며 뚫어보매 더욱 굳으며 바라보매 앞에 있더니 문득 뒤에 있도다. 선생님은 차근차근 잘 사람을 가르치시니 나를 글로써 넓게 하고 나를 예로써 단속하여 주시었다. 그만두고자 하되 그럴 수 없어 이미 나의 재능을 다하니 서 있는 것이 우뚝한 것이 있는 듯한지라, 비록 따르고자 하나 어디서부터 말미암을 줄 모르겠다.(『논어』「자한」)

자공은 해와 달로써 공자를 비유하여 극찬하였으며, 맹자는 인류가 생긴 이래 공자 같은 이는 없었으며(自生民以來, 未有夫子也), 때에 알맞게 행동하는 성인으로서(聖之時者), 집대성集大成한 이라고 평가하였다.

공자 사후 후대에 공자에 대한 찬사는 헤아릴 수 없이 많다. 그 중 대표적인 미불(米芾. 자는 원장元章. 송대 서화가)의 공자찬孔子贊을 보자. 단순하면서도 공자의 위대한 점을 잘 드러내고 있는 명문이다.

공자여, 공자여!	孔子孔子!
위대하도다, 공자여!	大哉孔子!
공자 이전	孔子以前,
이미 공자 없고,	旣無孔子,
공자 이후	孔子以後,
다시 공자 없네.	更無孔子.
공자여, 공자여!	孔子孔子!
위대하도다, 공자여!	大哉孔子!

또한 '공자행교상孔子行教像'으로 유명한 당나라 오도자吳道子의 찬은 공자의 평생 업적과 후대에 끼친 그 영향에 대해 잘 표현하고 있다.

덕은 천지와 나란하고,	德侔天地,
도는 예와 지금에 으뜸일세.	道冠古今.
육경을 깎아내고 서술하여,	刪述六經,
법을 만세에 드리웠네.	垂憲萬世.

내가 좋아하고 애송하는 송대의 철학자 장횡거의 다음의 시도 공자를 찬미한 것으로 생각된다.

천지를 위하여 마음을 세우고,	爲天地立心,
만민을 위해서 도를 확립한다.	爲生民立道.
옛 성인을 위하여 끊어진 학문을 잇고,	爲去聖繼絶學,
만세를 위하여 태평 시대를 여노라.	爲萬世開太平.

주자는 「중용장구서문」에서 공자의 옛 성인을 잇고 후학을 열어준 (繼往聖開來學) 공은 도리어 요임금 순임금 보다 더 어짐이 있다고 평가하였다.

공자는 다양한 노력을 하였으며 이러한 노력이 성과를 거둔 결과 인간을 위하여 크나큰 일을 할 수 있었던 것이다. 공자는 기본적인 조건 외에 성장하면서 다양한 공부를 함으로써 깨달은 바가 있어 이러한 지식으로 후세에 길이 내려갈 배움의 자취를 남겼다. 그 전의 모든 지식과 선인들의 노력도 중요하나 그간의 모든 것들을 집성한 공자의 업적은 다른 선각자들의 노고에 비하여 중하다고 할 수 있을 것이다. 이렇게 한 시대를 매듭짓고 많은 사람들의 의식이 혼란스러울 때 자신의 방향을 가늠할 수 있는 잣대를 만들었다는 것이 가장 큰 배울 점이다.

3) 공자의 주유천하 경로

『논어』는 물론 공자의 전기에서도 심지어 『공자사전』에서 까지도 의미는 공자의 주유서와 누성를 부여주는 서순이 서다. 나는 실제로 공자가 걸었던 길을 그대로 걸어보고 당시의 공자의 고난과 느낌과 생각을 읽으려 하였다. 또한 공자가 비록 "쉰 살에 천명을 알았다"고 하였지만 공자의 진면목은 주유천하 14년을 겪은 뒤라고 보았다. 주유천하를 통해서 공자는 희망과 포부에 부풀었던 그 이전과는 달리 하늘이 자신에게 부여한 진정한 자신의 사명을 알고 이를 실천하게 되었다는 점이다. 공자를 지극히 존경하는 나 또한 비록 시대는 다르지만 공자가 겪은 과정을 겪으므로써 공자의 천하 만민을 구하는 구세정신救世精神과 공자처럼 나 자신의 사명을 알고 이를 실천하는 계기로 삼고 싶었다.

주유천하 경로에 대한 제학설을 참고하여 내가 추정한 경로는

위 - 조曹 - 송 - 정 - 진陳 - 채 - 섭 - 초 - 위

이다. 답사의 편의상 공자가 갔던 노선을 순서대로 그대로 가지 못하고 역으로 가기도 하고 크게 관련이 없거나 유적이 남아있지 않은 일부 유적지는 부득이하게 제외하였다.

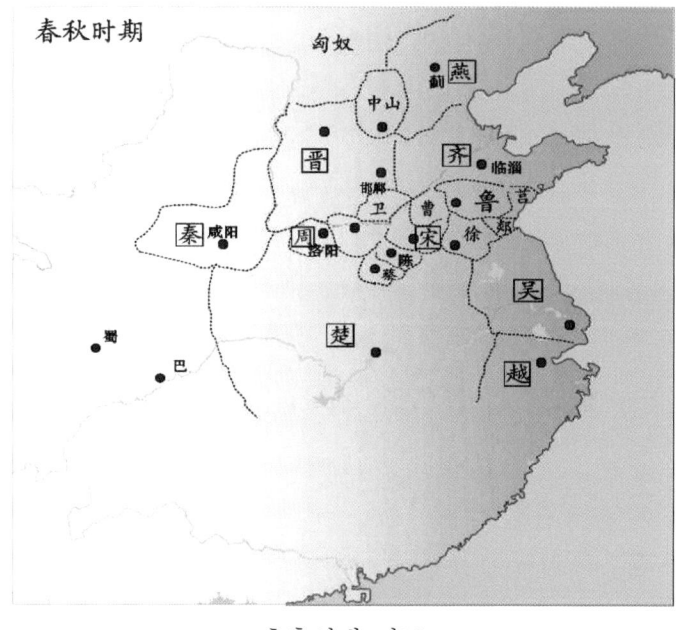

<춘추시대 지도>

독자의 참고, 편의를 위해 당시 내가 1차와 2차 답사를 마치고 간략하게 서술한 답사기를 소개한다.

2. 1차 공자유적 답사에 대하여

　공자와 『논어』에 관심을 가져온 이래로 공자는 항상 나의 마음속의 성인으로서 추구하여야 할 영원한 이상적 인간상이었다. 평생 소원이 공자 묘소에 참배하는 것이기도 하였다. 94년 6월 청도를 통해 곡부에 가서 공자의 사당을 참배했을 때의 감격은 상상하고도 남을 것이다. 그 뒤로 틈만 나면 성지순례로서 참배해 5번 정도 방문하였다. 그러나 지금 생각해 보니 그 방문은 기존의 일반적인 관광코스나 여기에 약간의 장소를 더한 평면적인 것에 지나지 않았다.

　2008년에 지천명의 나이를 맞이하여 공자는 과연 내게 어떤 존재인가라는 의문과 그 분이 55세부터 68세까지 14년 동안 중국을 주유천하 하면서 당시의 위정자들에게 자신의 뜻을 펴려했던 그 이상과 경륜, 고뇌와 좌절, 그리고 천인합일天人合一 경지의 성인의 완성을 체득하고자 마음먹었다.

　이에 방학 중 빈 시간을 마련하여 기존에 거의 알려지지 않은 공자유적지와 제자들 묘소 등을 여러 전문서를 면밀히 분석 조사하여 지난 2008년 7월 11일부터 21일까지 중국에 다녀왔다. 원래는 하남성을 중심으로 공자의 14년간의 주유천하를 따라 답사하고자 하였으나, 태어나서 54세까지와 69세에서 73세까지 머무른 노나라와, 젊었을 때 방문친 이웃 제나라도 중요하다고 생각하여 우선 답사하기로 하였다. 이에 시간을 최대한 단축시켜, 공자의 생애 전반부와 후반부를 거의 답사했고(첫 번째 여정), 14년간의 주유천하 중 몸통 부분에 해당하는 제구帝丘(위나라 서울. 현재 명 복양濮陽)와 상구商丘(송나라 서울. 현재 명 같음) 부분을 집중적으로 답사하였다(두 번째 여정).

　내가 지나온 일정은 다음과 같다.(고딕 부분이 본서에서 서술한 곳임)

첫 번째 일정: 산동성 중심

1일차:

곡부: **공묘**(공자를 모신 사당), **공부**(공자의 후손이 살던 곳), **공림**(공자의 무덤이 있는 곳), 공자고리(공자가 살던 옛 마을), 공자육예성, **주공묘**(주공을 모신 사당), 소호릉(소호 황제의 묘), 논어 비원(논어의 문장을 비석에 쓴 것을 모아 놓은 곳)

2일차:

추성: **맹묘**(맹자를 모신 사당), **맹부**(맹자 후손이 살던 곳), **맹림**(맹자의 묘)

곡부: **니산 공묘**(공자를 모신 사당), **니산서원**(공자를 모신 서원), **부자동**(공자를 낳기 위해 공자 어머니가 기도한 동굴), **관천정**(공자가 여기 서서 냇물을 바라본 곳), **공자작춘추처비**(공자가 『춘추』를 지은 곳), **기수**(강), **무우대**(당시에 제사 지내던 곳), **고반지**(공자가 강의하다가 쉰 곳), **양공림**(공자의 부모와 형의 묘가 있는 곳)

3일차:

곡부: 수사서원, 안림, 노국 고성, 공자연구원

태안: **태산**(**공자등림처**: 공자가 이곳으로부터 태산에 올라간 곳, **첨로대**: 공자가 노나라를 바라본 곳 등)

4일차:

임치: 제국 역사박물관, **공자문소처비**(공자가 순임금 때 음악인 소를 들은 곳)

제남: **민자건 묘**(공자의 제자 민자건 묘 유지)

두 번째 여정: 하남성 중심

1일차:
상구: **상구 고성**(송나라 수도), **문아대**(공자가 송나라에서 환퇴에게 고난을 당한 곳에 세운 건물)
하읍: **공자환향사**(공자가 고향에 돌아와 조상을 제사지낸 곳)

2일차:
영성: **망탕산 부자동**('공자피우처'라고도 함. 공자와 제자들이 비를 피한 곳)
장원현: **거백옥묘**(공자와 교제한 거백옥의 묘 유지), **광땅**(공자와 제자들이 생명의 위협을 당한 곳), **참목촌**(공자가 수목이 울창한 지역을 지나간 곳), **습례왕촌**(공자와 제자들이 예를 익힌 곳), **학당강성묘**(공자가 강의를 하던 곳)

3일차:
준현: **자공묘**(공자의 수제자 자공의 묘)
복양: **자로사당과 묘**(공자의 수제자 자로의 사당과 묘)
정주: 하남성 박물관

제 1차 유적답사를 마치고 너욱 느낀 것이지만 안연과 자로, 자공의 경우를 통해 볼 때(유적이나 흔적, 저서가 거의 없음) 제자는 각자의 역할을 통해서 스승을 빛나게 하는 존재라는 것을 다시 한번 느꼈다.

또한 14년간의 공자의 주유천하는 자신의 사명을 자각하고 완성해 가는데 결정적인 동기를 제공한 소중한 계기가 되었으며, 나 또한 공자의 고뇌와 좌절을 만분지일이라도 느끼고 자신의 사명을 조금이라도 자각하고 실천하고자 하였다. 일정 내내 당시 공자의 경륜과 고뇌를 느끼고자 하였으며 또한 하늘의 보살핌을 직간접적으로 느낄 수 있었던 참으로 귀한 여정이었다.

　공자가 14년간 주유천하 한 것은 이제 보면 산동성과 하남성에 불과한 작은 천하였다. 평소 생각했던 것만큼 스케일이 크지 않았던 것이다. 그러나 공자는 집대성集大成이라는 작업을 통해 자신의 사명과 역할을 다하였다.

　오랜 기간 동안 공자와 『논어』를 공부한 것이 금번의 답사를 통해 더욱 심화되고 승화되어 이를 발전시켜 하늘의 뜻을 널리 펴는 역할에 일조할 수 있기를 간절히 기원드렸다.

3. 2차 공자유적 답사에 대하여

　2008년 7월 11에서 21일까지의 1차 답사에 이어 금번에는 8월 14일부터 25일 까지 2차 답사를 마쳤다. 총 23일이 걸렸지만 실제로는 14일이 소요되었다. 공자는 14년의 주유천하를 하였지만 나는 14일 만에 둘러본 것이다. 처음부터 14일에 맞추려고 한 것은 아니었지만 하다보니 그렇게 되었다. 문명의 이기를 활용하여서 이다. 아침 7시에 출발하여 저녁 8시에 끝나는 여정으로서 하루에 600키로 이상을 가기도 했다. 곳곳에 난관이 많기도 하였지만(폭우로 많은 도로가 침수되어 길을 헤맴 등) 무사히 마치고 돌아왔다.

　금번 여정은 공자의 주유천하 중 전반과 후반 부분에 해당하는 것으로 산동성 일대(전반)와 하남성 일대(후반)를 집중적으로 답사하였다. 이로써 공자의 일생과 그 중 가장 중요한 부분인 주유천하 14년간의 궤적을 대략이나마 마무리하게 되었다.

　나의 이번 여정은 다음과 같다.(고딕 부분이 본서에서 서술한 곳임)

첫 번째 여정: 산동성 일대

1일차:
곡부: **양공림**(공자의 부모와 형의 묘), **공자작춘추처비**(공자가 『춘추』를 저술한 곳에 세운 비석. 원래의 자리), **안묘**(안회 사당)
가상: **증자 사당, 증자 묘**(공자의 도통을 전한 증자의 사당과 묘), **무씨화상사**(공자가 노자를 만난 것을 조각한 한나라 때의 화상석이 있는 곳)

2일차:
하택: **삼염사**(공자의 10대 제자 중 세 명의 염씨 성을 가진 제자를 모신 사당)
정도: **조군묘**(공자가 참배한 적이 있는 조나라 시조 숙진탁의 묘)
거야: **기린대**(기린이 잡힌 곳)

3일차:
곡부: **곡부시립도서관**(도서 7종 14권 기증)
연주: **달항당인리**(공자를 평가한 적이 있는 은사가 살던 곳)
치평: **공자회원처비**(공자가 진晉나라로 가려다가 진의 임금에 의해 현인 두 명이 세상을 떴다는 말을 듣고 수레를 돌린 곳에 세유 비석)

두 번째 여정: 하남성 일대

1일차:
영보: **함곡관, 태초궁**(노자를 모신 사당)
정주: **공자입주문예처비**(공자가 주나라에 가서 노자에게 예를 물은

곳에 세운 비석), 안락와(송나라 철학자 소강절의 옛 집)

2일차:
이천: 정자 사당과 묘(송나라 철학자 정명도 정이천의 사당과 묘)
섭현: **섭공문정처비**(초나라 섭공이 공자에게 정치를 물은 곳에 세운 비석)
회양: **현가대**(공자가 진나라에서 양식이 떨어졌어도 노래하며 천명을 믿은 곳에 세운 사당)
상채: **액묘**(공자가 진나라와 채나라 사이에서 고난을 당한 것을 기념해 세운 사당)

3일차:
나산: **자로문진처비**(공자가 자로에게 나루터를 묻게 한 곳에 세운 비석)
부함: **초나라 왕성 유지**(공자가 초나라 방문 시 머물렀던 곳)

4일차:
신정: **정한고성 동문**(공자가 정나라에서 잠시 머물렀던 곳)

이번 답사를 통해 느낀 점을 정리하면 다음과 같다.

첫째, 하늘은 스스로 돕는 자를 돕는다는 것이다. 안회의 사당이 현재 보수 중이어서 개방되지 않고 있는데 아침 저녁으로 방문하여 참배할 수 있게 해 달라고 관련자들에게 간절히 부탁하고 기원한 결과 뜻밖에 관리인의 도움으로 한밤중에 참배하였다.

둘째, 하늘의 안배는 상상하기도 힘들다는 것이다. '공자회원처비'의 위치를 기억만으로 겨우 찾았으나 결정적인 장소는 우연히 들른 시골 음식점의 거의 폐지가 다 된 자료집에서 발견해 찾아 갔다. 결국 인간이 정성으로 노력하면 하늘은 반응하는 것임을 다시 한 번 절감하였다.

셋째, 하늘은 다양한 방법으로 나아갈 길을 일러 주신다는 것이다.

넷째, '백척간두진일보'의 강한 믿음으로 나아가되 준비는 하여야 한다는 것이다. 옛말에도 '사람의 할 일을 닦은 뒤에 천명을 기다리라.'(修人事待天命)하지 않았던가.

이 외에도 나 자신만이 감지할 수 있는 유형, 무형의 많은 일들이 있었다. 소중한 체험으로 간직하여 더욱 분발 정진하는 토대로 삼을 것이다.

2008년 여름 1, 2차 공자유적 답사를 통해 막연하게 생각하던 공자의 실체에 대해 좀 더 가까이 다가갈 수 있는 기회가 되었으며, 특히 55세부터 68세까지의 주유천하를 답사하면서 진정으로 하늘의 뜻과 나 자신에 대해 돌아보는 귀한 시간이었다. 또한 노자에 대해서도 좀 더 깊이 관심을 가지는 계기가 되었다.

4. 나의 곡부曲阜 방문 회고

유학을 공부하면서 『논어』를 통해 공자를 만나고 자연스럽게 나의 평생 소원은 공자의 사당과 묘에 참배하는 것이었다.(당시는 중국과 국교가 수립되지 않았음. 그러다가 1992년 8월 25일 정식으로 국교가 수립됨)

나의 곡부 방문은 지금까지 총 10차에 걸쳐 이루어졌다.

1차는 당시 중국에 업무차 자주 출장을 다니던 고교 동창의 배려로

94년 6월에 이루어졌다.

　2차는 95년도 당시에 산동사범대학 한국어과에 교수로 근무하고 있었는데 교사절(9월 10일)을 맞아 학교에서 외국인교수들에게 교학의 노고에 감사하는 뜻으로 곡부 관광을 시켜주어 참가하였다.

　3차는 산동사범대학에 근무하던 96년도 1월에 한국맹자학회를 안내하면서였다. 이때 추성鄒城까지 가서 한중맹자학술대회에 참가하였다.

　4차는 당시 『논어』열의 일환으로 2001년 5월 3일부터 6일까지 국학연구소 주최로 '논어의 향기를 찾아서' 프로그램에 강사로 초청되어 곡부 및 추성, 태산을 방문하였다. 이때 나는 니산서원에서 '공자와 논어'에 대해 특강을 하였다.

　그 후 5차로 2006년에 곡부와 추성, 태산을 방문하였다.

　그러다가 6차 및 7차로 08년 7월과 8월에 주유천하 답사의 일환으로 다시 방문하게 되었다.

　8차로 2011년 8월에는 『논어』 번역 탈고 기념으로 다시 곡부를 방문하여 특히 안자(안연)사당인 안묘에서 오랜 시간 동안 공문에서의 안자의 역할에 대해 깊이 생각하는 시간을 가졌다.

　9차로 빈빈문화원(부산 소재) 『논어』 수강생들과 2012년 8월에 다시 곡부와 추성, 태산을 방문하는 기회를 가졌다.

　10차로 2017년 가을 내가 재직하는 학교 학생 20여명을 인솔하여 곡부를 중심으로 공자유적지를 재차 답사하였다.

　이로써 지금까지 총 10회에 걸쳐 공자관련 유적답사로 곡부 및 추성 태산 등지를 답사하였다. 곡부와 태산 방문은 내게는 성지순례인 셈이다.

제 2 장
공자의 문화유산 답사기

1. 노魯나라에서

본 절에서는 공묘, 공부, 공림, 공자작춘추처비, 기린대, 무우대, 고반지, 니구산, 부자동, 니산공묘, 관천정, 양공림, 태산에 대해 알아보고 끝으로 공자의 귀국과 향천에 대해서도 살펴보기로 한다.

1) 공묘 孔廟

<공묘(공자를 모신 사당) 대성전>

‘공묘'는 공자를 제사하는 사당이다. 곡부 시내 중부 서쪽에 있으며 동쪽이 공자의 옛 마을인 궐리闕里이므로 '궐리공묘'라고도 일컫는다. 공묘는 공자 사후 2년 뒤에 건립되었다.(B.C 478) 북경의 고궁과 승덕 承德의 피서산장과 함께 중국 고대 3대 건축물 중의 하나이다.

공자의 사당인 공묘는 이미 6-7차에 걸쳐 방문하였기에 그야말로 주마간산격으로 가운데 길로만 가면서 한번 훑어보는데 그쳤다. 그러면서도 늘 뇌리에서 떠나지 않는 것은 공자의 주유천하만을 전문적으로 다룬 맹헌빈교수의 『공자주유열국지』를 어떻게 구하느냐는 것이었다. 이 책은 진현종씨의 책에서 공자의 주유열국을 전문적으로 소개한 책이 있음을 안 뒤에 국내의 중국서점은 물론 중국에서 사업하는 친구를 통해 중국의 대형서점에 문의하여 보았으나 구할 수 없다는 것이었다. 진씨의 기술에서 공묘 구내에서 구입하였다는 말이 기억나서 책을 판매하는 곳이면 하나하나 확인하고 가는데 바로 공묘의 도서관격인 규문각奎文閣 안의 가판대 구석에 그렇게 찾던 『공자주유열국지』가 한 권만 달랑 있는 것이 아닌가. 너무나 기뻐 구입하여 내용을 확인해 보니 참으로 공자의 14년 주유천하를 전문적으로 탐구한 연구서이다. 이후 이 책은 간혹 독단적인 견해도 있으나 내가 공자 유적지를 탐방하는데 많은 도움을 주었다. 특히 나의 유적지 선정에는 이 책의 정확한 정보와 상세한 서술에 힘입어 결정적 도움을 받은 곳이 많다. 아마 공자의 주유천하만을 전문적으로 다룬 유일한 저서가 아닐까 생각한다.

이곳에서 공자의 박학다식을 알려주는 몇 가지 일화가 생각나 소개한다.

노나라 정공 5년(공자 47세. 505) 여름 계평자가 죽고 계환자가 자리를 이었다. 계환자는 우물을 파다가 흙으로 만든 그릇을 얻었다. 그

안에 양과 같은 것이 있었는데 공자에게는 일부러 "개를 얻었다."고 말하였다. 이에 공자는 "제가 들은 바로는 그것은 양입니다. 제가 듣기로 산의 요괴는 기와 망량이고, 물의 요괴는 용과 망상이며 흙의 요괴는 분양입니다."라고 그 물건의 명칭을 정확히 대답하였다.

한번은 오나라가 월나라를 공격해서 수도 회계를 격파하여 수레 하나에 가득 찰 만큼 큰 해골을 얻었다. 이에 오왕이 사자를 보내어 공자에게 물었다. "해골은 누구의 것이 가장 큽니까?" 공자가 말하였다. "우禹임금이 회계산에서 여러 신들을 불러 보았을 때 방풍씨防風氏가 늦게 오자 우임금이 그를 죽였는데 그 해골이 수레 하나에 가득찼다고 하는데 그것이 가장 큰 해골이오."라고 대답하였다. 또한 오나라 사자의 여러 가지 질문에 막힘없이 명쾌하게 대답하자 "정말 훌륭하신 성인입니다."라고 탄복하였다.

2) 공부 孔府

'공부'는 연성공부衍聖公府라고도 하는데 곡부 중심에 있으며 공묘의 동쪽에 있다. 공자의 적장손과 각 세대가 거주한 곳으로 공자의 후손들이 생활하던 생활공간이다.

공자의 일상생활은 『논어』 「향당」에 잘 묘사되어 있다. 그 중 일상생활과 관계된 부분을 소개한다.

공자는 붉은 색과 자주 색으로 일상복으로 삼지 않았다. 더울 때는 가는 갈포와 굵은 갈포로 만든 홑옷을 반드시 겉에 입었다. 반드시 잠옷이 있었으니 길이가 몸의 한배 반이었다.

밥은 정결한 것을 싫어하지 않았으며, 회는 가는 것을 싫어하지 않았다. 밥이 상하여 쉰 것과 생선이 상하거나 고기가 썩은 것은 먹지 않았다. 색깔이 나쁜 것은 먹지 않으며 냄새가 나쁜 것은 먹지 않았다. 익힌 때를 놓치면(덜 익으면) 먹지 않았다. 때가 아니면 먹지 않았다. 자른 것이 바르지 않으면 먹지 않았다. 알맞은 장을 얻지 못하면 먹지 않았다. 고기가 비록 많으나 밥 기운을 이기게 하지 않았다. 오직 술은 정량이 없으나 난동에 이르지는 않았다. 파는 술과 시장에서 산 포를 먹지 않았다. 생강 먹는 것을 그만두지 않았으며 많이 먹지 않았다.

<공부(공자의 후손이 살던 곳) 내부>

밥 먹을 때 대답하지 않았으며 잠잘 때 말하지 않았다. 비록 거친 밥과 나물국, 오이라도 제사지내되 반드시 공경하였다. 자리가 바르지 않으면 앉지 않았고, 마을 사람들과 술을 마실 때 지팡이를 짚은 자가 나가면 비로소 나갔다. 잠잘 때는 죽은 사람처럼 자지 않았으며 집에 거처할 때는 꾸미지 않았다. 성찬이 있으면 반드시 얼굴빛이 변하고 일어났다. 빠른 우레와 바람이 매서울 때는 반드시 얼굴빛이 변하였다. 수레에서는 안을 돌아보지 않으며 말을 빨리하지 않으며 직접 가

리키지 않았다.

<북종과 남종> 공자 후손이 북종과 남종으로 나뉜 적이 있었다. 공자 48대손 공단우孔端友 때 금나라의 침략을 피해 남송南宋 고종高宗이 남천할 때(1129) 따라갔었다. 뒤에 금나라 군대가 북쪽으로 물러나자 황제에게 청하여 절강의 구주衢州에 가묘를 건립하여 때에 따라 조상을 제사지내게 하니 이 가묘가 바로 뒤의 구주 공묘이다. 곡부에서는 금나라 태종이 공단우의 동생 단조端操를 연성공으로 봉하여 이때부터 공씨는 남북 양종으로 나누어지게 되었다. 원나라가 중국을 통일한 후 남종의 연성공 공수孔洙가 북종의 연성공 공치孔治에게 양위하여 이에 연성공이 합하여 하나가 되었다(49대부터 53대까지 남북 양종으로 나뉨) 따라서 공덕성은 북종이고 남종도 따로이 계승된 셈이다. 실제로 공덕성은 정식 부인의 자식은 아니다. 마침 오래전에 『논어』의 향기를 찾아서' 특강 차 들렀던 곡부에서 구한 공자와 곡부 관련 소책자 시리즈를 자료를 찾다가 발견하였다. 당시에 대충 훑어보고 말았었는데 여기에도 이 사실이 명확하게 나와 안목을 넓힐 수 있었다.

그런데 2009년 봄에 대학 은사이신 행촌杏邨 이동준 교수님이 부산에 왔을 때 북공과 남공 이야기를 하는 것이 아닌가? 선생께서 얼마 전 중국에 갔을 때 항주 근처의 구주에서 남공의 종손을 만나보았다고 한다. 선생에 의하면 그는 직장에서는 퇴직하였으며 아직도 사회주의 국가인 중국 공안당국을 의식해서인지 거짓으로 바보 흉내를 내기도 하였다고 한다. 구주의 공묘는 그 규모도 크고 곡부와 달리 아직 관광지로도 개발되지 않아 본래의 모습을 느낄 수 있으며 이에 곁들여 지금까지는 북공의 상징인 곡부만을 대상으로 방문하였지만 남공에 대해서도 주의를 기울여야 한다고 역설하신다. 이거 참! 다음 번에는 비록 공자의 출생지나 묘소가 있는 것은 아니지만 상징적인 의미

도 있고 아마 곡부와는 성격이 다른 자료도 있을 법하니 구주 공묘를 한번 방문하여 그 느낌을 나 또한 간직하고 싶다.(실제로 낙승열교수의 『공자역사지도집』에 의하면 공자의 후손 지파는 총 5위位 20파派 60호戶에 달한다. 우리나라에서 출간된 남종 75대 종손 공상해선생의 『중국문화만필』이 있다)

　아울러 공씨에는 '진공眞孔'과 '위공僞孔'의 구분이 있었다. 즉 공씨에는 '내공內孔'과 '외공外孔'의 구분이 있다. 내공을 진공眞孔이라 하고 또 내원공內院孔이라 하는 공자의 후손이 있고, 외공外孔 외원공外院孔 위공僞孔이라고 하는 공자의 후손이 아닌 공씨가 있다. 오대五代에 유경劉景의 후손인 유말劉末이 공림의 청소부가 되어 공씨로 성을 바꾸었다. 그후 공말孔末이 기회를 노려 공자의 자손을 몰살하고 연성공의 봉작을 차지하였다. 그러나 43대 공인옥孔仁玉 이후 공자의 후손이 묘택에 동거하여 내원이라 하고 공말의 자손은 바깥 집에 살게 되어 외원이라고 하게 되었다. 내공과 외공의 싸움은 지속되어 서로 원수가 되었으나 공자 54대손 공사회孔思晦(1276-1333. 元나라)에 이르러서 바로잡았다고 한다.

　또한 이곳에 유명한 '노벽魯壁'이 있다. 한나라 때의 일로서 노나라 공왕恭王의 궁궐이 공부와 맞 닿아 있어 궁궐을 넓히려고 공부의 담장을 헐자 그곳에서 많은 고대의 문자로 쓰여진 책들이 나왔다.(『고문상서』, 『예기』, 『효경』 등. 『논어』 중 『고논어古論語』가 바로 이곳에서 나온 것이다) 또한 이상한 음악 소리가 들려오기도 하여 담장 허는 것을 중지하였다. 현재 당시의 담장을 상징하는 노벽이 공부에 남아있다.

<노벽魯壁(고논어가 발견된 곳)>

3) 공림孔林

'공림'은 공자의 무덤이 있어서 생긴 이름이다. '지성림至聖林'이라고도 한다. 공자와 그 가족의 묘지로서 곡부성 북쪽 1키로에 위치하고 있다. 앞에는 수수洙水가 뒤에는 사수泗水가 흐르고 있다. 묘 앞에 큰 비석이 있는데 선서토 '대성지성문선양묘大成至聖文宣干墓' 8개의 큰 글자가 쓰여져 있는데 명 정통 8년(1434) 황양정黃養正이 쓴 깃이다. 뒤의 '선성묘宣聖墓'비는 금나라 때 건립한 것이다.

공림은 공자와 공자의 후손들이 묻혀있는 곳으로 세계적으로 유례가 없는 거대한 가족묘군이다. 이곳에서는 대표적으로 공자와 공자의 아들 백어와 손자 자사子思의 묘가 있다. 공림으로 들어가 정면에서 보았을 때 맨 끝 안쪽에 공자의 묘가 있고 약간 우측에 아들 백어의 묘, 또 공자 묘의 앞 쪽에 자사의 묘가 배치되어 있다. 두 묘소는 공자의 '대성지성문선왕' 묘비나 묘 전체 규모와 비교해 보면 매우 초라한 규모이다. 특히 백어의 묘는 비록 사수후泗水侯라는 후대의 작위가 새겨진 비석이 있지만 아들 자사의 묘에 비해서도 위치라든지 모든 면에서도 뒤쳐져 있다는 느낌을 지울 수 없다. 게다가 자사의 묘에는 참배하는 방문객이 간혹 있으나 백어의 묘에 참배하는 자는 본 적이 없다. 아버지가 있어서 아들이 있을 것인데 말이다. 그래서인지 나는 공림을 방문할 때마다 늘 공자의 묘를 먼저 참배하고 백어, 자사의 묘 순으로 참배하곤 한다.

<공림(공자묘)>

공림 방문과 관련하여 생각나는 추억이 있다. 내가 고등학교 1학년 겨울방학 때 고종사촌형의 권유로 『논어』를 읽고 공자를 안 이후로 공자묘의 방문과 참배는 나의 평생 소원이 되었다. 그러다가 사업상

중국에 자주 출장을 다니는 고교동창의 배려로 처음 곡부를 방문한 것이 94년도 6월 4일이었다. 그때는 산동성 제남濟南은 물론 북경까지도 항공노선이 아직 개발되지 않아 김포에서 청도까지 항공편을 이용하고 다시 청도에서 곡부까지 승용차로 가야만 하였다. 설레는 마음으로 공묘와 공부는 잘 관람하였는데 공림은 좀 떨어져 있고 공묘와 공부를 보다 보니 시간이 촉박하여 그만 보지 않고 다른 곳으로 이동하였다. 그런데 나중에 알고 보니 공자의 묘가 바로 공림에 있다는 것이 아닌가. 얼마나 아쉬웠는지. 그 때의 섭섭한 감정은 말로 표현할 수 없을 정도였다.

그 원인을 이제와 생각해 보니 수교된 지 얼마 되지 않아 곡부에 대한 자세한 안내 책자를 접하기 어려웠고, 나 또한 친구가 평소 나의 바람을 잘 알고 있는지라 어렵게 준비한 일정인데 가고자만 했지 미리 관련 자료를 참고하지 않고 무작정 간 것이 불찰이었다. 그 이후 두 번째 방문에서야 비로소 공자의 묘를 처음으로 참배하게 되었다. 그 때의 가슴 떨림과 전율의 감격이란! 절을 하고 다소곳이 손을 맞잡고 공자의 언행과 사상을 돌이켜 보며 오늘날까지 지대한 영향을 주고 있고 인류의 정신사에 그 크나큰 발자취를 끼친 인류의 큰 스승께 우러러 존경과 사모의 마음을 바치지 않을 수 없었다.

금번에 공림을 방문해 보니 여름 휴가철이어서이지 사람들로 무척 붐빈다. 그런데 전에 방문했을 때의 느낌과 달리 공자의 무덤이 웬일인지 이전 보다 작아보였다. 아마 공자를 성인으로서도 탐구의 대상으로 하지만 오히려 '인간 공자로서 더 접근하고자 하는 최근 나의 생각이 어느 정도 반영되어서일까. 삼배를 하고 묘를 여러 각도에서 사진 찍었다. 자세히 보니 '대성지성문선왕묘' 뒷 부분에 작은 '선성묘'라는 비석이 하나 더 있다.

시끄러운 군중들을 뒤로하고 묘를 배회하며 공자의 그 위대함을 생각하니 존경의 마음이 사무친다. '공자 이전에 공자 없고 공자 이후에 공자 없다.'는 말처럼 공자는 당시까지의 중국 정신문명을 집대성하고 그야말로 '옛 성인의 학문을 잇고, 후학에게 길을 열어 준'(繼往聖, 開來學) 위대한 성인이 아니던가? 그리고 지금까지 서양의 『성서』에 비길만한 동양의 『성서』인 『논어』의 주인공이 아닌가. 또한 『논어』는 인류의 바이블이기도 하다. 그의 정신의 남긴 향기는 2500년 후 오늘 이곳 해동海東의 후학에게도 삶의 방향을 제시해 주는 북극성과 같은 존재이기에.

4) 공자작춘추처비 孔子作春秋處碑

공자는 군자가 죽은 뒤에 이름이 알려지지 않는 것을 걱정하고, 도가 행해지지 않으니 후세에 이름을 남기기 위해 역사의 기록에 근거해 『춘추』를 지었다. 『춘추』는 위로는 노나라 은공隱公 원년에서 시작하여 아래로는 애공哀公 14년까지 12공公 242년간의 시대를 포괄하였다. 『춘추』는 노나라의 역사를 중심으로 삼고, 주나라를 종주로 하고 은나라의 제도를 참작하여 하, 은, 주 3대의 법을 계승하고 있다. 그 문사는 간략하지만 제시하고자 하는 뜻은 넓다. 『춘추』의 대의가 행하여지게 되면 곧 천하의 난신적자들이 두려워하게 될 것이다.

공자가 직접 저술한 책은 『춘추』가 유일무이하다. 공자의 사상이 대표적으로 집약되어있는 『논어』는 공자의 제자와 재전 제자 등에 의해 3차에 걸쳐 편찬된 것이고, 『주역』의 십익十翼은 고증학적으로는 공자가 편찬한 것에 대한 의문이 있다. 따라서 『춘추』는 겉은 노나라 242년간의 역사이나 선악과 시비에 대하여 공자의 포폄이 들어간 것이다. 공자의 사상을 직접적으로 알 수 있는 저술이나 다만 미언대의

微言大義를 서술한 것이어서 난해하여 『좌씨전』, 『공양전』, 『곡량전』의 세 종류의 주석서가 있다.

공자는 자신의 춘추 저술에 대해 다음과 같이 말했다.

"후세에 나를 알아주는 사람이 있다면 『춘추』 때문일 것이며, 나를 비난하는 사람이 있다면 그 역시 『춘추』 때문일 것이다."(『맹자』 「등문공 하」)

'공자작춘추처비'는 공자가 『춘추』를 지은 곳으로서 곡부 시내에서 남쪽으로 6키로 떨어진 식추향息陬鄕 장곡촌 서북 쪽에 있다. 이전에 이곳에 춘추서원이 있었는데 그 안에 '공자작춘추처비'가 세워져 있었다. 비석은 명대에 건립하였다.

<공자작춘추처비(공자가 춘추를 지은 곳) 춘추서원 옛 터에 있다.>

* 여기서 사진에 대해 잠깐 언급하고자 한다. 이곳에 실린 모든 사진은 내가 직접 찍은 것이다. 원래 사진 찍는 것은 물론 찍히는 것도 싫어

하여 촬영에도 전혀 관심이 없었다. 그러다가 『공자의 길, 산하에서 찾다』 답사를 위하여 부득이 카메라를 장만하고 600여장 사진을 찍었으나 살펴보니 쓸만한 게 거의 없다. 누굴 탓할 것인가. 부끄러움을 무릅쓰고 기록에 의미를 둘 수밖에 없을 듯하다. 게다가 유적지 사진만 찍었지 나는 전혀 들어가지 않았으나 북경 친구의 조언으로(사실 확인용?) 중반 이후에는 나도 찍힌 사진이 제법 있다. 독자 여러분의 양해를 바란다.

나는 지금까지 곡부를 다섯 번이나 갔으나 공자가 『춘추』를 지은 곳에 대해서는 크게 관심을 두지 않았다. 그 가장 큰 원인은 편하게 주로 일반적인 관광코스대로 갔었고, 관광이 아닌 답사라 할지라도 일정과 답사 장소를 내가 직접 챙기지 않았었다. 그러나 이번에는 답사 목적이 있었으므로 내가 직접 일정과 답사 장소를 물색하여 정하다 보니 '공자작춘추처'를 곡부 시내 소개 지도에서 발견하여 두 차례에 걸쳐 답사하였던 것이다.

현재 공자작춘추처 비석은 두 곳에 있다. 처음에 본 비석은 바로 큰 길 옆에 있었는데 비석 옆에 음식점 광고판이 설치되어 있어서 기가 막히기도 하고 한편으로는 중국인의 상술을 다시 한번 느끼게 되었다.(이전 사진 자료와 비교해 보니 주택가였었는데 이렇게 변하다니 참으로 상전벽해의 금석지감今昔之感이 있었다.) 비석 앞에는 공자가 마차를 탄 소상이 있으며 좌측으로는 비석이 많이 있는데 이는 이 곳이 원래 춘추서원 자리여서 서원에 세워진 비석들을 한 곳에 모아 놓은 것으로 생각되었다.

두 번째 답사 때에도 웬지 '공자작춘추처' 비석을 보고 싶어 갔는데 답사하면서 주위의 중국인들에게 물어보니 현재의 비석에서 안쪽으로 가면 원래의 비석이 있다고 한다. 이에 안쪽으로 100여 미터를 더

가니 과연 원래의 '공자작춘추처' 비석이 있었다. 본래는 주택가에 있었던 것인데 이를 홍보하기 위해 조금 떨어진 대로변에 새로이 춘추처 비석을 세운 것이었는데 자칫 바깥만 보고 원래의 비석과 자리는 보지 못하고 그냥 지나칠뻔 하였다. 지난번에 비석 옆에 음식점 광고물이 있어서 이상하게 생각하기도 하고 분개하였었는데 사실을 알고 보니 이해가 되었다. 주민에게 물어 보니 그 일대가 이전에 춘추서원 자리였다고 한다.

공자의 『춘추』는 표현된 기술과 그 속 내용은 다르니 바로 공자가 자신의 철학을 노나라 242년간의 역사를 통해서 표명한 것이다. '공자작춘추처'비가 큰 길 가에 있는 것과 큰 길 안으로 들어가 있는 원래의 자리를 보면서 느꼈다. 오늘날에도 참과 거짓이 공존하고 있으며 참은 거짓에서 아주 가까이 있으나 찾는 이들이 제대로 찾지 못해 이를 모르는 것이 아닐까라는 생각이 문득 들었다.

5) 기린대 麒麟臺

노나라 애공 14년(공자 71세. B.C. 481) 서쪽에서 사냥하다가 기린을 잡았다.(기린은 옛부터 용, 봉황, 거북과 함께 네 종류의 신령스런 짐승으로 알려져 있으며 태평성대나 성인이 출세할 경우 나타나는 것으로 알려져 있다.) 처음 보는 이상한 짐승이라 당시에 박학으로 이름난 공자에게 보였다. 공자가 보니 바로 자기의 수호신격인 기린이 아닌가. 이에 느낀바 있어 자신의 운명을 알고 후세에 자기 뜻을 알아주는 이를 기다리며 노나라 역사 『춘추』 속에 자신의 뜻을 함유, 서술했던 것이다.(미언대의微言大義)

이를 좀더 자세히 살펴보자. 노 애공 14년 봄에 대야大野에서 수렵을 하였다. 숙손씨의 마부 서상이 괴상한 짐승을 잡았는데, 사람들은 이것을 상서로운 일이 아니라고 여겼다. 공자가 그것을 보고 "그것은 기린이다."라고 하자 그제서야 그들은 그것을 취하여 돌아왔다. 그러자 공자가 "옛날처럼 황하에서 다시는 용이 도판을 메고 나타나지 않고, 낙수洛水에서 다시는 거북이 서판을 지고 나타나지 않으니 나의 희망도 이제는 끝나는가 보다."라고 탄식하였다.

『공자가어』에서는 이에 대해 좀더 자세하게 설명하고 있다. 기린이 잡힌 것을 보고 공자는 "네가 어찌해서 여길 왔느냐? 어찌해서 여길 왔느냐?"고 하며 옷자락을 올려 낯을 씻으니 눈물이 흘러서 옷깃을 적셨다. 자공이 공자에게 운 까닭을 묻자 "기린이 오는 것은 밝은 임금을 위해서 오는 것이다. 그런데 때가 아닌 때에 왔다가 해를 당하게 되었구나. 나는 이것을 슬퍼하는 것이다."라고 하였다.

당시 공자가 지었다는 '획린가獲麟歌'를 소개한다.

요임금과 순임금의 시대여,	唐虞世兮
기린과 봉황이 노닐었네.	麟鳳游.
지금은 내가 바라는 그때가 아닐세.	今非其時吾所求.
기린이여! 기린이여!	麟兮麟兮
내 마음은 근심스럽구나.	我心憂.

군자가 세상에 뜻을 펴는 방법은 크게 세 가지가 있다. 첫째는 자기 자신이 직접 나서서 당대에 이상과 포부를 천하 만민에게 펴는 것이다. 둘째는 당대에 자신의 뜻이 용납되지 않으면 자신의 뜻을 계승하는 제자들에게 펴게 하는 것이다. 셋째는 앞의 두 방법이 여의치 않을 경우 저술을 통해 후대에 자신을 알아주는 사람을 기다리는 것이다. 공자는 기린이 잡힌 사건을 통해 금생에는 하늘이 자신에게 정치에 참여하여 평소의 포부와 뜻을 펴는 것을 허락하지 않음을 알았던 것

이다. 이에 노나라 역사를 빌려 『춘추』를 저술했던 것이다.

<기린대(기린이 잡힌 곳)>

'기린대'는 기린이 잡힌 곳으로 지금의 산동성 가상현嘉祥縣에서 그리 멀리 떨어져 있지 않다.(산동성 거야현 동쪽 7키로에 있다) 가는 도중 석재 공장이 많이 있어 알아 보니 이곳이 원래 석재가 많이 나온다고 한다. 도시는 그야말로 한적한 시골이다. 조현曹縣의 조군묘를 둘러 보고 오다가 들렀는데 찾아가느라 엄청 고생하였다. 마침 여름철이어서 비가 많이 온데다가 지방이라 도로 사정이 좋지 않아서였다. 길을 가다 보면 도로 수리 중이거나 비로 인하여 물이 가득 찬 큰 구덩이가 도로 곳곳에 널려있어 몇 번이나 돌아서 가야 했다.

어렵게 물어물어 찾아가 보니 기린대는 지극히 보잘 것 없는 작은 언덕이었다. 마침 여름이라 풀이 우거져서 그렇지 참으로 초라하였다. 기린대 언덕 옆에는 기린 석상이 두 개 있는데 북경의 독지가 기중한 것이라고 한다. 앞에는 명 가정 년간에 세운 비석이 수풀에 쓰러져 있었다. 기린대 입구에는 성모전聖母殿, 사천왕전 등 건물이 있는데 할머니 한 분이 15년 동안 지키고 있다고 한다. 공자가 천하를 경영하여 하은주 3대의 이상 정치를 실현하고자 평생 동분서주하고 고군분투하였으나 기린이 사냥꾼에게 잡혀 무참히 살해된 것을 보고 자신의 사명을 다시 한번 깨달은 곳! 그래서 그런지 나도 이곳 기린대에서는 공자와 관련된 다른 유적지와는 달리 비교할 수 없이 기분이 저하되었다. 2,500년 전의 공자의 그 절망감과 좌절감을 조금이라도 느끼는 듯이.

나중에 알고 보니 기린대는 바로 증자 사당을 찾아가다가 점심을 먹기 위해 들렀던 호텔에서 그리 멀지 않은 곳에 있었다. 당시 '획린가獲麟街'(기린을 잡은 거리)가 있고 호텔 이름도 '기린헌대주점麒麟軒大酒店'이어서 왜 기린과 관련된 지명이 여기에 있을까 이상하게 생각했었지만 그때는 그 연유를 몰랐었다. 기린대를 보고 지름길로 오다 보니 오전에 들렀던 호텔과 아치형 문이 보여 확인해 보니 그런 사정이 있었던 것이다.

참 알 수 없는 일이다. 진리를 찾는 것도 마치 이와 같지 않을까. 깨닫기 전에는 바로 옆 가까운 곳에 두고도 찾지 못하는 마치 눈뜬 장님과 같다 할까.

6) 무우대 舞雩臺, 기수 沂水

'무우대'는 곡부성 남쪽에 자리잡고 있다. 무대라고도 한다. 노나라에서 하늘에 제사지내고 비를 기원하던 곳이다. 대臺는 직사각형에 가까우며 대의 높이는 약 7미터이며 동서로는 약 120여 미터 남북으로는 약 115미터이다.

제2장 공자의 문화유산 답사기 43

<무우대(제사를 지내던 곳)>

이곳은 다음과 같은 일화를 통해 공자학단에서 유명해진 곳이다. 『논어』에서 가장 긴 글이지만 이에 대한 전문을 소개하면 다음과 같다.

    자로와 증석과 염유와 공서화가 (공자를) 모시고 앉아 있었다.
    공자: "내가 하루라도 너희들 보다 (나이가) 많다고 하나 나로 인하여 그러지 말아라. 평상시에 '나를 알지 못한다.'라고 하니, 만일 혹시라도 너희들을 알아준다면 어떻게 하겠느냐?"
    자로가 성솔히 대답하기를 "천승(제후의 나라)의 나라가 큰 나라 사이에 끼어 있어 군대의 일로써 더하며(전쟁) 따라서 기근이 들었을 때 제가 정치를 하면 삼 년이면 (백성을) 용기도 있으며 또한 나아갈 방향을 알게 할 수 있습니다."
    공자가 미소를 지었다.
    공자: "구야 너는 어떠하냐?"
    대답하여 말하기를 "사방 육칠십 리나 혹은 오륙십 리인 나라에서 제가

정치를 한다면 삼년이면 백성들을 풍족하게 할 수 있습니다. (그러나) 예악일 것 같으면 군자를 기다리겠습니다."

공자: "적아 너는 어떠하냐?"

대답하여 말하기를 "잘한다고 하는 것이 아니라 배우고자 원합니다. 종묘의 일과 혹은 (제후의) 회동에 현단복을 입고 장보관을 쓰고 작은 도움이 되고자 원합니다."

공자: "점아 너는 어떠하냐?"

비파를 드문드문 연주하더니 갱하는 소리를 내고 비파를 두고 일어나 대답해 말하기를 "세 사람의 포부와는 다릅니다."

공자: "무슨 잘못이 있겠느냐? 또한 각각 그 뜻을 말하는 것이다."

증점: "늦은 봄에 봄옷이 이미 이루어지면 어른 대여섯, 어린이 예닐곱과 기수에서 목욕하고 무우대에서 바람 쐬고 노래하며 돌아오는 것입니다."

공자가 한숨 쉬며 탄식하여 말하기를 "나는 점과 함께 하겠다."

세 사람이 나가고 증석이 뒤에 남았다.

증석: "세 사람의 말이 어떻습니까?"

공자: "또한 각각 그 뜻을 말할 따름이다."

증석: "선생님은 어찌하여 유의 말을 듣고 웃었습니까?"

공자: "나라를 다스리기를 예로써 해야 하거늘 그 말이 겸양하지 아니하였으므로 웃었다. 오직 구求는 나라 다스리는 것이 아니겠느냐? 어떻게 사방 육칠십 리와 혹은 오륙십 리를 나라가 아니라고 보겠느냐? 오직 적赤은 나라 다스리는 것이 아니겠느냐? 종묘와 회동을 제후가 아니면 누가 하겠느냐? 적이 작은 일을 하면 누가 큰 일을 하겠느냐?"(『논어』「선진」)

여기 '늦은 봄에 봄옷이 이미 이루어지면 어른 대여섯 어린이 예닐곱과 기수에서 목욕하고 무우대에서 바람 쐬고 노래하며 돌아오는 것입니다.'(風乎舞雩, 詠而歸)에서의 '무우'가 바로 무우대인 것이다.

'무우대'는 『논어』에서 익히 보아왔지만 지금까지 그 유적이 남아 있을까 반신반의하면서 찾아가 보았다. 무우대는 현재의 곡부시 외곽에 자리하고 있다. 작은 동산을 연상케 하는 곳으로 전면에는 보도 블록이 깔린 넓은 광장이 조성되어 있어 무척 밝은 느낌을 주고 있다. 기수가 후면을 유유히 흘러가고 있다. 다만 무우대 주변에 난간이 설치되어 있어 올라갈 수는 없다. 또한 『공자역사지도집』이나 『대재공자大哉孔子』에 실려 있는 사진과는 상당한 많은 차이가 있어 현재는 고대의 유적으로서 잘 유지 보존하여 왔음을 알 수 있다. 무우대를 처음 보았을 때는 무우대 전체가 마치 동물 형상(새)처럼 보인 것으로 느꼈으나 확신을 하지 못하다가 나중에 사진을 보니 개의 형상임을 발견하였다.

'기수에서 목욕하고'에서의 '기수'는 곡부 남쪽에 있다. 이곳에 온천물이 흘러들어와 늦은 봄에도 목욕을 할 수 있다고 한다. 기수는 한국의 전형적인 농촌에서 볼 수 있는 그리 크지 않고 깨끗하지도 않은 작은 냇물이었다. 다만 공자와 관계있는 곳이고 『논어』에서 이전부터 오랫동안 익숙하게 들어서 인지는 몰라도 감회는 여느 시냇물을 볼 때와 달랐다.

7) 고반지 古泮池

'고반지'는 곡부성 안 동남쪽에 있다. 공자가 강학하다가 제자들과 노닐며 유식을 취하던 곳이라 한다. 이곳은 원래 노나라 희공僖公 때 반궁泮宮(국립 대학)이었다. 이후 역대로 연못을 수리하고 연못 주위에 궁전을 건축했다.

고반지는 낙승열교수의 『공자역사지도집』에서 처음으로 이런 유적지가 있음을 알았다. 그러나 사진도 무척 오래된 흑백사진인데다가 건물도 아주 옛날식이어서 기대하지 않았는데 뜻밖에 중국인 가이드가 소개하여 처음으로 찾게 되었다. 알고 보니 가이드는 평소 자전거로 곡부를 둘러보기를 좋아하였는데 이곳도 자전거로 시내 골목 골목을 돌아다니다가 발견한 곳이라 한다.

<고반지(공자가 강의하다 쉰 곳)>

고반지는 민가 밀집지역 중간에 위치하고 있었다. 사진에서 보았던 건물은 흔적도 없이 사라지고 잡초가 무성히 자란 기역자 형으로 생긴 상당히 큰 연못이었다. 바로 옆에서는 동네 아이들이 놀고 있었으며 주변은 주민들이 갖다 버린 쓰레기들이 여기저기 버려져 있어 쓰레기장을 방불케 했다. 심지어는 내가 사진을 찍고 있는데 바로 옆에서 대낮인데도 술에 취한 노인이 아랑곳하지 않고 소변을 보기도 하였다. 노인이 방뇨하면서 내게 무슨 말인가 하였으나 못 알아듣고 무심히 지나쳤다. 전체적인 인상은 고즈넉한 분위기였으나 여름이라 악취가 코를 찔러 더 이상 있지 못하고 서둘러 자리를 떠나야 하였다.

옛날 유적지가 관공서와 주민들의 무지로 인하여 훼손되거나 사라져 가는 안타까운 현장을 또다시 보게 되어 마음이 무거웠다.

8) 니구산 尼丘山

<니구산>

'니구산은 곡부성에서 동남쪽으로 25키로 거리에 있는 작은 산이다. 해발 340 미터이며 산꼭대기에 5개의 봉우리가 연이어 우뚝 솟아 있는데 가운데 봉우리가 니구산이다. 본래 이름은 니구산인데 공자가 여기에서 탄생하였으므로 지금은 공자의 이름을 피하여 '니산'이라고 고쳐 부르게 되었다.

이전에 내가 곡부를 1,2차 방문할 때에는 곡부 시내를 둘러보느라 니구산까지는 미처 주의를 기울이지 못했다. 그래서 3차 때에야 비로소 방문하게 되었다. 니구산은 공중에서 찍은 사진을 보면 특이하게도 가운데가 움푹 파여있는 형상으로 되어 있다. 공자가 태어났을 때 공자의 머리 형태가 니구산을 닮아 이름을 '구丘'(언덕)라고 하였다고 한다.

니구산을 가서 가까이에서 직접 볼 때에는 발견하지 못한 것이지만 차를 타고 멀리서 바라보면 다른 산과 다른 점이 있음을 발견하게 된다. 첫째는 산의 나무들이 질서 정연하게 조림이 되어있는 것이고,(나무의 크기가 그리 크지도 않다) 둘째는 산의 나무의 종류가 모두 동일한 종류의 것이라는 것이다.(침엽수) 이런 이유는 이전에 산에 화재가 나서 동일한 종류의 나무로 조림을 하였는지는 알 수 없으나 그렇지 않다면 특이한 현상이라 하겠다. 이것은 니구산을 볼 때마다 느끼는 나의 감상이다.

니구산은 작은 산이다. 아마도 태산의 정기가 이곳에 모여 공자가 그 정기를 받고 태어난 것은 아닐른지...

9) 부자동 夫子洞

'부자동'은 니구산 동쪽 기슭에 있는 천연 동굴로서 공자가 출생한 곳이라 한다. 이전에는 동굴 안에 돌로 된 상床과 돌 베게, 돌로 된 공자의 상이 있었다고 한다. 곤령동坤靈洞이라고도 하는데 '인걸지령 人傑地靈'의 뜻을 취한 것이다.

부자동은 니구산 입구에 있는 허리를 구부려야 겨우 들어갈 수 있는 지극히 작은 동굴이다. 공자의 아버지인 숙량흘이 60이 넘은 연로한 노인이라 공자 어머니인 안징재가 자식을 낳게 해 달라고 기도하였던 곳이라 한다.(이곳에서 공자가 탄생하였다는 설화도 있다.) 안에는 약간의 물이 나오고 있는데 불과 3,4미터 정도의 길이로서 매우 작은 동굴이다.

<부자동(공자의 어머니가 공자를 낳게 해 달라고 기도한 곳)>

10) 니산 공묘, 니산서원

'니산공묘'는 니구산 가운데 봉우리 동쪽 기슭에 있다. 니구산에 건립한 공자를 모시는 사당이다. 니산공묘는 내게 특별한 추억이 있는 곳이다. 2001년 5월 3일부터 6일까지 국학연구소에서 특별 기획된 '『논어』의 향기를 찾아서' 프로그램(곡부, 추성, 태산, 황하 탐방)의 강사로 조정되어 바로 이곳 니산공묘에서 '공사와 『논어』'에 대하여 강연을 한 것이다. 당시는 봄이었는데 천지만물이 생장하고 있는 것과 달리 이곳 공묘는 우리 일행 약 150여명을 제외하고는 방문객 한 명도 없는 그야말로 적막한 곳이었다. 이곳에서 공자와 『논어』에 대해 강의하며 공자연구에 대한 의지를 새롭게 다진 기억이 새롭다.

나오면서 보니 공묘 입구에 마을 노인네 두 분이 한가롭게 대화하며 쉬고 있길래 안회의 묘가 있는 안림顔林(안회 가족 묘지)의 현재 소재지를 물으니 지금은 찾을 수 없다고 한다. 노인들이어서 혹시나 하여 물어본 것인데 역시 안림은 흔적도 없이 사라졌음을 다시 한번 절감하여야만 하였다.

'니산서원'은 니산공묘 후문 바깥(뒤)에 있는데 북경의 국자감을 모방하여 지었다. 들어갈 수 없게 문을 잠궈놓았고, 니산공묘 보다 더 보수를 제대로 하지 않아서인지 무척 초라해 보였다.

11) 관천정 觀川亭

'관천정'은 니산공묘 안 동북쪽에 있는데 공자가 여기서 산 아래의 물(요하)을 보고 인생의 무상함을 탄식한 곳이라고 한다.

<요하(관천정 앞을 흐르는 강)>

관천정은 이번 방문에 처음 들른 곳이다. 맹헌빈교수의 『공자주유열국지』에서 '관천정'을 처음 알았다. 사진만으로는 찾기 어려울 줄

알았는데 니산공묘 안 우측 편에 있는 작은 정자였다. 정자에서는 한가롭게 마을 아이들 3-4명이 장난치며 여유로운 낮 한 때를 즐기며 놀고 있다. 관천정 앞에는 냇물이 흐르고 있다. 이곳은 『논어』에서의 공자의 다음 장면을 연상케 하는 곳이다.(실제로 이 곳에서 공자가 말한 것이라고도 한다)

공자가 냇가에 서있을 때 말하기를

"가는 것이 이와 같구나! 밤낮을 그치지 않는구나."(『논어』「자한」)

여기서 '냇물을 보다'의 '관천정'이란 명칭이 생긴 것이다. 지금 내가 보고 있는 물은 조금 전에 내가 본 물이 아니다. 끊임없이 새로운 물이 흐르고 있다. 마찬가지로 우리의 인생도 우주의 운행도 끊임없이 흐르고 흘러가는 것이다. 『논어』의 이 구절에 대해서 나에게는 특별한 추억이 있다. 대학 4학년 때(1980년) 대학원 진학을 위해 ROTC를 자퇴하니 강제로 징집되어 배치된 곳이 강원도 양구의 육군 교육사단이었다. 군대생활이 어찌나 힘들었던지 나도 모르게 이 구절을 마치 신주神呪처럼 수도 없이 외웠던 기억이 있다. 당시 군대에는 "그래도 국방부 시계는 돌아간다."는 말이 있었다.

곡부에서의 2차 답사를 끝내고 북경으로 잠시 돌아가 하남성 2차 답사를 준비하려는 날 아침이었다 이날은 인치에 있는 공기문소치를 먼저 보고 제남의 민자건묘와 사당을 답사한 뒤에 북경으로 가기로 계획을 세웠다. 아침식사를 하러 궐리빈사의 식당으로 가서 뷔페식 아침식사여서 이것저것 골라 음식을 진열한 곳 바로 앞 탁자에서 혼자 식사를 하고 있는데 옆모습이 어디서 많이 본 듯한 분이 눈에 띄었다. 이에 확인해 보니 바로 대학 때 은사이신 행촌 이동준 교수님이셨다. 마침 사모님과 같이 오셨다고 한다. 알고 보니 선생님께서는 의

외로 곡부행이 처음이시란다.

그러고 보니 생각나는 것이 있다. 내가 77년도에 성균관대학교 유학과에 입학하여 1학년 1학기 때 처음으로 선생님을 뵙고 배운 경서가 바로 『논어』와 『대학』이었는바, 이는 내가 정식으로 배운 첫 번째 경서였다. 당시 『논어』「학이」를 외워 쓰는 것이 시험 문제였던 것으로 기억된다. 그때를 생각하니 감회가 새로웠고 또 내가 공자의 주유천하의 여정을 답사하고 있을 때 선생님을 뵙게 되어 더욱 의미가 있었다. 이교수님께서는 공자 전기를 쓰려 하였으나 쓰지 못하여 후학에게 위임한다고 하신다. 또한 한국인이 보는 공자관이어야 하며 중국어로 번역하여 중국에서 출판할 필요성을 역설하신다.

이밖에 공자와 관련된 대표적인 유적지로는 양공림과 태산이 있다.

12) 양공림 梁公林

공자에 대해 공부하다 보니 이제는 공자 본인은 물론이고 주변 인물들의 유적지에도 관심이 넓혀진다. 특히 일반인들의 관심에서 멀리 떨어져 있는 유적지인 경우는 더욱 그렇다. 공림에서의 공자의 아들 백어의 묘 참배도 이런 취지의 방문이었다. 양공림의 경우도 마찬가지이다.

'양공림'은 곡부성 동쪽 15키로 방산防山의 남쪽에 있다. 공자 부모가 합장되어 있으며 공자의 형 맹피도 여기에 묻혀있다. 숙량흘은 원元나라 지순 원년(1330) 때 '계성왕啓聖王'으로 책봉되어 '계성왕림'으로도 불린다.

<양공림 입구(계성림啓聖林으로 되어있다)>

공자의 부친인 숙량흘에 대한 일화는 『춘추좌씨전』에 두 번 보인다. 첫 번째는 핍양偪陽성 전투(노양공 10년. B.C. 563)에서이다. 동맹군이 핍양성을 포위하였으나 이기지 못한 상태에서 핍양 사람들이 성문을 열어 속이자 제후의 군대들은 성문이 열린 것을 보고 곧장 쳐들어갔다. 그러나 뜻밖에 성문이 내려와 닫혀 버렸다. 이 때 추 지방 사람 숙량흘이 성문을 위로 올려 열었으므로 갇혔던 군사들이 나올 수 기 있었다.

두 번째는 제나라와의 전투에서이다.(노양공 17년. B.C. 556) 제나라가 방防 지방에 있는 장흘을 포위하자 노나라에서 지원군을 파견하였으나 성에 접근하지는 못했다. 이때 방성에서 추 지방 사람 숙량흘이 두 명의 장수와 함께 삼백 명의 군사를 거느리고 밤에 제나라 군사에게 쳐들어가 노나라 지원군에게 장흘을 보내고 포위를 뚫고 돌아오니 제나라 군대는 떠나갔다.

　공자의 모친인 안징재顔徵在의 일화는 『공자가어』「본성해」에 보인다. 숙량흘에게는 딸 9명만 있고 아들이라곤 없었다. 다만 첩의 몸에서 맹피孟皮를 낳았는데, 그는 발에 장애가 있어(소아마비인 듯하다) 숙량흘은 다시 안씨댁에 혼인을 청했다. 안씨에게는 딸 셋이 있었는데 막내딸의 이름은 징재였다. 안씨가 세 딸에게 물어보자 오직 안징재만이 이에 응하여 숙량흘과 혼인하게 되었다. 숙량흘이 나이가 많아 그녀는 가만히 니구산에 다니면서 기도를 한 뒤 공자를 낳았다.

　공자가 태어난 후 세 살 때 숙량흘이 세상을 떠나 방산에 장사를 지냈다. 방산은 노나라의 동부에 있어서 공자는 아버지의 묘소가 어디에 있는지 몰라 의심하였지만 어머니는 그것을 숨겼다. 공자가 24세 때 어머니가 죽자 곧 오보지구五父之衢에 빈소를 차렸는데 이는 대개 신중을 기하기 위함이었다. 추읍 사람 만보輓父의 어머니가 공자 아버지의 묘소를 알려주어 그 후에야 비로소 방산에 합장하였다.

　양공림은 공자 부모와 공자의 이복 형인 맹피의 묘가 있는 곳이다. 곡부에서 여러 유적지를 둘러보고 서둘러 양공림을 몇 번이나 길을 잘못 들다가 찾아가니 시간은 5시가 약간 넘어간 5시 10분 정도였는데 관리인이 퇴근하였다고 한다. 할 수 없이 정문을 비롯한 주변 사진을 몇 장 찍고 대문을 통해 내부를 나의 시력이 허락하는 곳까지 멀리 바라볼 수밖에 없었다. 다음 날 태산으로 가는 길에 아침부터 내리는 폭우를 무릅쓰고 다시 찾아가니 11시가 다 되었는데도 관리인이 아직까지 출근하지 않았다고 한다. 일정이 급하여 오래 기다리지 못하고 다음을 기약하고 떠났지만 내내 아쉬웠다. 이에 2차 방문 때에 다시 제 시간에 방문해 보니 아직도 대문이 굳게 잠겨 있어 바로 앞 민가에 들어가 물어 보니 글쎄 폐쇄되었다는 것이다. 이럴수가! 3번이나 찾아 왔는데 들어가지 못하다니...달리 뾰족한 수가 없어 허무한 마음으로 발길을 돌려야 했다. 결국 3번이나 찾아갔으나 끝내 참배하지 못하여 지금까지도 내내 섭섭함으로 남는다.

13) 태산 泰山

<태산 공자등림처(공자가 여기서부터 태산을 올라간 곳)>

'태산은 예로부터 역대 황제가 천제를 지내던 곳일 정도로 신성시된 명산으로 오악 중 동쪽을 대표하는 산이다. 우리나라와 비교적 가까운 산동성에 있고 공자가 바로 태산의 정기를 받고 태어났다는 전설이 있어서 그런지 우리나라에서 오악五嶽의 여느 다른 산보다 더욱 많이 널리 알려져 있다. 특히 양사언의 '태산이 높다 하되 하늘 아래 뫼이로다.'로 더욱 유명한 산인데 실제로 해발 1532 미터여서 그다지 높은 산은 아니다. 산은 전체적으로 화강암이 많은 암산으로 중앙 정

부의 권위에 도전하는 기운을 누르는 산이라고 한다.

　태산은 중천문中天門까지 소형 버스를 타고 가 다시 케이블카를 타고 내려서 걸어 올라가는 코스로 되어 있다. 물론 걸어서 가는 코스도 있는데 바로 계단으로 걸어서 올라가는 것이다. 총 7412개의 계단이 있는데 대부분의 관광객은 시간 관계상 차를 이용하는 코스를 택한다. 그러나 의외로 걸어서 올라가는 사람도 많다.

　나는 95년 가을(11월 경) 당시 산동사범대학 한국어과에 근무하고 있을 때 계단을 통해 태산 정상에 올라간 적이 있었다. 그때 산동사대 저녁강좌 한국어 반에는 태안에 소재한 산동농업대학 외사처에 근무하는 학생이 있었는데 그가 마침 초대하여 경양춘景陽春(수호지의 무송이 이 술을 먹고 호랑이를 맨손으로 때려 잡았다고 한다)을 몇 병 마시고 새벽 2시엔가 출발하여 일출을 보기 위해 돌계단으로 올라간 적이 있다. 평소 술도 잘 못하는데다가 산동농대 외사처 직원들의 환대에 그만 과음하여 제대로 잠도 못자고 술도 덜 깬 상태에서 무척 힘들게 정상에 도달하여 추위에 떨다가 일출을 맞이한 기억이 새롭다. 우리는 보통 바다 위의 일출을 보는데 산 정상에서 산 사이에서 솟아 오르는 해를 보는 것도 매우 이채로웠다. 게다가 양손에 태양을 감싸 쥐고 찍는 포즈의 사진은 지금 보아도 특이하고 감동적이다. 당시 산동사대 한국어과에 같이 근무하던 한국인 교수 부부와 2학년 학생 여러 명과 같이 갔는데 그 중 한 남학생은 양복을 입고 구두를 신고 계단을 통해 산 정상까지 너끈히 주파하여 경악하였던 기억이 있다.

　태산을 가기로 한 날 새벽에 일어나 보니 비가 상당히 많이 오고 있었다. 호텔 밖으로 나가보니 폭우가 쏟아진다. 아침 7시부터 10시까지 엄청나게 폭우가 쏟아졌다. 그러나 무작정 일정을 미룰 수 없어 출발하였다. 곡부를 벗어나자 다행히 오전 10시경부터 조금씩 비가 잦아들기 시작하더니 태안에 도착할 때 쯤에는 비가 개어 날씨가 무척 청명하였다. 이런 날씨는 무척 드물다고 하며 비가 와서 관광객도 많지 않아 한가롭게 둘러볼 수 있었다. 7월 중순이라 무척 더운 날씨인데도 이전 방문 때와는 달리 시원하게 전혀 힘들이지 않고 둘러볼 수 있었다.

태산은 이전에도 여러 번 와 보았지만 이번에는 공자의 유적을 찾는 답사인지라 좀더 자세히 살펴보기로 했다. 이에 걸어서 산 정상으로 가는 입구에 있는 '공자등림처孔子登臨處'(공자가 이곳을 통하여 태산을 올라갔다고 함)를 살펴보고 표 받는 곳까지 걸어가 왼쪽의 비석군의 비석을 살펴보기도 하고 오른 쪽 계곡을 둘러보기도 하였다.

<태산 첨로대(공자가 노나라를 바라본 곳)>

산을 올라갈 때는 너무나 멋진 운무가 골짜기에서 피어올라 감탄을 금치 못했다. '망오성적望吳聖蹟'*과 '첨로대瞻魯臺'**를 보고 공자 사당을 보고 내려오니 바로 뒤가 구름으로 뒤덮여 어디가 어딘지 구별할 수 없을 정도이다.

올라갈 때 케이블카를 이용하였는데 우리 앞에는 짐차이고 우리 케이블카 번호는 36번이었다. 그런데 내려오면서도 또 똑같은 번호의 케이블카를 탔다. 가만 생각해 보니 3+6=9이다. 예부터 일을 함에 있어 9분分은 인간의 노력이요, 1분分은 하늘의 도우심이라 하였고, 한자로 하면 '아홉 구九'는 '오랠 구久'가 아닌가.(한문에서는 발음이 같으면 글자를 전용하여 쓰는 예가 있다) 이에 공자와 그 사상을 연구함에 최선을 다하고 오래도록 변치 말고 연구하라는 무언의 격려로나 나름대로 숫자에 의미를 부여하고 생각하며 즐거워하였다.

* 망오성적: 공자와 안회가 이곳에서 노나라 쪽을 바라보는데 마침 어떤 물체가 있어 안회는 하얀 비단으로 공자는 하얀 망아지로 보았는데 나중에 알고 보니 공자가 본 것이 정확했다는 것이다. 당시 안회는 영양실조 등으로 사물도 제대로 파악하지 못했을 정도로 신체가 무척 허약했던 것으로 생각된다. 얼마 후 안회는 세상을 떠났다.
** 공자가 이곳에 서서 노나라를 바라본 곳. 누워있는 거대한 바위 위에 '첨로대'라는 글자가 새겨져 있음. 태산에 올라 천하를 작게 여겼던 곳.(『맹자』「진심 상」 참조)

14) 귀국

기원전 484년(『좌씨전』, 『사기』「12제후연표」에 의거 수정) 염유는 계씨의 명을 받고 장군이 되어 낭에서 제나라와 싸워서 이겼다. 계강자가 군사에 관한 것을 배웠는지 아니면 본래 그 방면에 재주가 있는

지를 질문하자 염구는 공자에게 배웠다고 대답하였다. 이에 강자가 공자는 어떤 사람인가를 묻자 염유는

"공자를 등용하면 나라의 명성이 높아지고, 그의 정치방법은 백성들에게 시행하거나 신명神明에게 고하거나 간에 아무런 유감스러운 일이 없을 것입니다. 그에게 나와 같은 이 길을 걷게 한다면 비록 수천 리를 준다 해도 공자는 그 이익을 취하지 않을 것입니다."(『사기』「공자세가」)

라고 대답하였다. 계강자가 공자를 초빙하고자 하자 염구는 공자를 신임하여 소인들이 방해하지 못하도록 한다면 가능할 것이라고 하였다. 이때 위나라의 공문자는 장차 태숙을 공격하려고 하였는데, 그 계책을 공자에게 물었다. 공자는 모른다고 사양하고 곧 물러나 수레를 준비시켜 떠나면서 말하였다.

"새는 나무를 선택하며 살 수 있지만, 나무가 어찌 새를 선택할 수 있겠는가?"

문자는 공자를 한사코 만류하였으나 마침 이때 계강자가 간신을 내쫓고 예물을 갖추어서 공자를 초빙하였으므로 공자는 노나라로 돌아왔다. 공자는 노나라를 떠난지 14년만에 노나라로 돌아왔던 것이다.

공자는 귀국해서 당시 위정자들에게 정치적인 자문에 응하게 된다. 이를 살펴보자. 노애공이 정치에 관해서 묻자 공자는 "정치의 근본은 신하를 잘 뽑는데 있습니다."(政在選臣)라 하고, "어떻게 하면 백성이 복종합니까?"라고 질문하자 "정직한 자를 들어 정직하지 않은 자 위에 두면 백성이 복종하고, 정직하지 않은 자를 들어 정직한 자 위에 두면 백성이 복종하지 않습니다."(『논어』「위정」)라고 하였다. 그리고 계강자가 정치를 묻자 "정치는 바른 것이니 그대가 바름으로써 통솔하면 누가 감히 바르지 않으리오?"(『논어』「안연」)라고도 하였다. 또

계강자가 도둑을 근심하자 "진실로 그대가 하고자 하지 않으면 비록 상을 주더라도 훔치지 않을 것이다."(『논어』 안연)라고 충고하였다. 그러나 노나라는 끝내 공자를 등용하지 못하였으며 공자 또한 관직을 구하지 않았다.

15) 향천 向天

공자가 세상을 떠나기 직전의 상황에 대해서는 『사기』 「공자세가」에 비교적 자세히 나와 있다. 이것을 소개한다.

공자가 병이 나서 자공이 뵙기를 청하였다. 공자는 마침 지팡이에 의지하여 문 앞을 거닐고 있다가 물었다. "사야, 너는 왜 이렇게 늦게 왔느냐?" 그리고 탄식하며 노래를 불렀다.

    태산이 무너지려는가.   泰山其頹乎!
    대들보가 부러지려는가.   梁木其壞乎!
    철인이 사라지려는가.   哲人其萎乎!

그리고는 눈물을 흘렸다. 또 자공을 보고 말하였다.

"천하에 도가 없어진 지 오래되었다! 아무도 나의 주장을 믿지 않는다. 장사를 치를 때 하나라 사람들은 유해를 동쪽 계단에 모셨고, 주나라 사람들은 서쪽 계단에 모셨고, 은나라 사람들은 두 기둥 사이에 모셨다. 어제 밤에 나는 두 기둥 사이에 놓여져 사람들의 제사를 받는 꿈을 꾸었다. 나의 조상은 원래 은나라 사람이었다."

그 후 7일이 지나서 공자는 세상을 떠났다. 그때 공자의 나이는 73세로, 그것은 노 애공 16년 4월 을축일(기축일이 아님. 『사기지의史記志疑』)의 일이었다.

공자는 노나라 도성 북쪽의 사수泗水 부근에 안장되었다. 제자들은 모두 3년간 상복을 입었다. 그들은 마음에서 우러나는 슬픔으로 3년상을 다 마치고 서로 이별을 고하고 헤어졌는데, 헤어질 때 한바탕 통곡하고 각자 다시금 애도를 다하였으며, 어떤 제자는 다시 머물기도 하였다. 오직 자공만은 무덤 옆에 여막을 짓고 3년을 더 지키다가 떠나갔다.

후에 공자의 제자들과 노나라 사람들이 무덤가에 와서 집을 짓고 산 사람들이 100여 가구나 되었으며, 이로 인하여 이곳을 '공자마을'(孔里)이라고 하였다. 노나라에서는 대대로 새해를 맞을 때마다 공자의 무덤에 제사를 지냈으며, 많은 유생들도 이곳에 모여서 예의를 논하고 향음례를 행하고 활쏘기를 하였다.

공자의 무덤은 1경頃(3,000평)이나 되었다. 공자가 살던 집과 제자들이 쓰던 내실은 훗날 공자의 사당으로 만들어져, 공자가 사용하던 의관과 거문고, 수레, 서적 등이 소장되었는데 그것은 한나라에 이르기까지 200여 년 동안이나 그대로 있었다. 한고조 유방이 노나라를 지나게 되었을 때 태뢰太牢로써 공자의 묘에 제사를 지냈다. 그 후 제후, 경, 재상이 부임하면 항상 먼저 공자의 묘를 참배한 연후에 정사에 임하였다.

주유천하 순서에 의하면 원래는 노나라 뒤에 위나라가 와야 하지만 제나라와 주나라를 방문한 것도 공자의 일생에서 중요한 위치를 차지하기에 다음으로 제나라와 주나라에서의 일을 서술한다.

2. 제齊나라에서

원래 제나라는 B.C.11세기 경 주나라로 부터 태공망太公望이 분봉받은 제후국으로 국성은 강씨姜氏이다. 도읍지는 영구營丘(뒤에 임치臨淄로 불림. 지금의 산동성 치박시淄博市)로서 산동 북부 지역에 위치해 있었다. 특히 춘추시대 초기의 환공桓公(?- B.C. 643) 때는 명재상 관중管仲의 보좌로 부국강병에 힘써 5패霸에 들 정도로 그 국력이 강성하였다.

공자 당시에는 경공(?- B.C.490)이 제나라의 군주로서 안영(?- B.C.500. 안자晏子라고 존칭함. 저서에 『안자춘추』가 있다)을 재상으로 삼아 그 세력을 넓혀가고 있었다. 특히 안영은 영공靈公, 장공莊公, 경공景公 3대에 재상을 지낸 이로서 공자도 비록 자신의 제나라에서의 출사를 반대한 그였지만 그를 존경하였다.(공자의 안자에 대한 평가로는 "안평중(안자)은 남과 잘 사귀었다. 오래되어도 공경하였다."가 있다. 『논어』「공야장」)

공자의 나이 서른 살 때(노소공 20년, B.C 522) 제나라 경공이 안영과 함께 노나라를 방문하였다. 이때 경공은 공자를 만나 "옛날 진목공秦穆公은 나라도 작고 외진 지역에 위치하였지만 패자霸者가 된 것은 무엇 때문입니까?"라고 질문하자 공자는 "진나라는 비록 나라는 작아도 그 뜻이 원대하였고, 비록 외진 곳에 처하였어도 정치를 베푸는 것이 매우 정당하였습니다. 목공은 백리해百里奚를 몸소 등용하여 대부의 벼슬을 내리고 감옥에서 석방시켜 더불어 3일간 대화를 나눈 뒤 그에게 정사를 맡겼습니다. 이로써 천하를 다스렸다면 목공은 왕도 될 수 있었는데, 패자가 된 것은 오히려 대단치 않은 것입니다."라 하였다.

공자는 주유천하를 하기 이전에 제나라에 들른 적이 있다. 경공이 공자를 만났을 때 정치에 대해 질문하자 공자는 "임금이 임금다우며 신하가 신하다우며 아비가 아비다우며 자식이 자식다운 것입니다."고 하였다.(『논어』「안연」) 다른 날 경공이 다시 공자에게 정치를 물었을 때 공자는 "정치의 요점은 재물을 절약하는데 있습니다."(政在節財)라고 하자 경공은 기뻐하며 장차 니계의 땅에 공자를 봉하려고 하였다. 그러나 재상 안영이 공자의 예는 몇 세대를 배워도 모두 배울 수 없고 평생을 다해도 그 예를 터득할 수 없다고 반대하여 이뤄지지 않았다. 그 후 경공은 공자를 공손히 접견하였으나 다시는 예를 묻지 않았다.

훗날 경공은 공자를 대우하여 말하기를 "만일 계씨 (정도의 대우) 같으면 내가 할 수 없지만, 계씨와 맹씨의 중간으로써 대우하겠다."고 하였다. 또 제나라 대부들이 공자를 해치려고 하였는데 공자도 이 소문을 들었다. (얼마 있다가) 경공이 "나는 늙어서 (그를) 쓰지 못하겠다."라고 하자 공자가 (제나라를) 떠났다.(『논어』「미자」)

공자는 제나라의 정치 상황에 대해 "제나라가 한번 변하면 노나라에 이르고, 노나라가 한번 변하면 도에 이른다."(『논어』「옹야」)라고 평가하였다.

세나라에서는 공사가 순임금의 음악인 소악을 들은 곳을 기념해 세운 공자문소처비를 답사하였다.

1) 공자문소처비 孔子聞韶處碑

춘추시대 제나라는 현재의 산동성 윗 쪽에 자리잡고 있었다. 지금 이곳은 치박이 중심도시이지만 당시 제나라 서울은 임치였다. 도자기와 연이 유명한 치박에서 공자문소처를 가기 전에 치박 옆 임치에 있는 제국역사박물관에 들렸다.

<공자문소처비(공자가 소음악을 들은 곳)>

　전시실에 있는 사진을 보니 제나라 유적지가 아직까지 많이 남아있고 특히 안영(안자)묘라든가 공자와 관계가 있어 내가 둘러볼 인물과 관련된 곳이 의외로 많았지만 시간 관계상 부득이 다음 기회로 미루어야 했다. 이후 제나라 유적지는 다시 한번 자세히 훑어볼 필요가 있음을 느꼈다. 잠깐 둘러보고 바깥에 있는 기념품점에 들렸으나 책값만 비쌌지 내게 필요한 것은 없었다.
　그런데 귀국하여 알고 보니 곡부 궐리빈사 식당에서 뵈었던 행촌 이동준교수님이 성균관대학교 한국철학사연구회에서 순임금 때의 음악인 소韶음악 감상회를 한다는 초청장이 왔다. 어떻게 그런 CD를 구했을까 의아했었는데 나중에 알고 보니 바로 제국역사박물관 기념품점에서 구입하였다는 것이 아닌가! 박물관 내부를 관람하고 있는데 잔잔한 음악이 흐르면서 연주되고 있길래 알아보니 바로 순임금의 소악韶樂을 복원한 음악이었던 것이다. 이에 같이 간 여러 분들이 저렴한 가격으로 CD를 하나씩 구입하였다고 한다. 이에 대한 느낌 하나. 지금까지는 눈으로 보이는 것을 우선시했는데 이제는 귀에 들리는 것도 주의해서 들어야 하겠다는 것. 그리고 연륜과 경험은 역시 무시할 수 없다는 것을 다시 한번 느꼈다.(뒤에 행촌선생님이 소악을 파일로 보내주셔서 요즘도 간혹 듣고 있다)

공자가 음악에 얼마나 심취했는지는 『논어』의 다음과 같은 기록을 통해서 잘 알 수 있다.

> 공자가 제나라에 있을 때에 소韶음악을 듣고 석 달 동안 고기 맛을 모르고 말하였다.
> "음악을 연주하는 것이 이런 경지에까지 이를 줄을 헤아리지 못하였다."
> (『논어』「술이」)

또 소음악을 평가하기를, "아름다움을 다하였으며, 또 착함을 다하였다"고도 평가하였다.(『논어』「팔일」)
다른 예를 보자.

> 공자가 사양자師襄子(노나라 악사)로부터 거문고 타기를 배웠는데 열흘 동안 진전이 없었다.
> 사양자: "이제는 다른 곡을 배워도 되겠습니다."
> 공자: "나는 이미 그 곡조는 익혔으나 아직 그 연주하는 법을 터득하지 못하였습니다."
> 얼마 후에 사양자가 말하였다.
> "이제는 그 연주하는 법을 익혔으니 다른 것을 배워도 되겠습니다."

공자: "나는 아직 그 곡조의 뜻을 터득하지 못하였습니다."
얼마 후에 사양자가 다시 말하였다.
"이제는 곡조의 뜻을 익혔으니 다른 곡조를 배워도 되겠습니다."
공자: "나는 아직 이 악곡 속의 사람의 사람됨을 터득하지 못하였습니다."
얼마 뒤에 공자는 엄숙하고 경건하게 깊이 생각하였고, 또 유쾌하게 원대한 뜻을 바라보게 되었다.
공자: "이제야 나는 그 악곡 속의 사람됨을 알았습니다. 피부는 검고 키는 크며 눈은 빛나고 멀리 바라보는데 마치 사방 제후국을 다스리는 것 같았으니, 이는 문왕이 아니면 그 누구겠습니까?"
사양자가 자리에서 일어나 재배하고 말하였다.
"원래 나의 은사님께서도 이것은 '문왕조文王操'라고 이르셨습니다."(『사기』「공자세가」)

즉 공자는 음악을 연주하는 것만이 아니라 음악의 이론에 대해서도 깊이 들어가 있었다. 공자가 노나라 태사에게 음악에 대해 말하기를 "음악은 알 수 있으니, 처음 시작할 때는 합하고, 뒤이어 조화를 이루면서도 분명하고, 서로 이어져 이룩된다."(『논어』 팔일)라고 이해하였다. 이 밖에 공자는 "내가 위나라에서 노나라로 돌아온 뒤에 음악이 바르게 되어 아雅와 송頌이 각각 그 (마땅한) 곳을 얻게 되었다."(『논어』「자한」)라고도 하였다.

'공자문소처'는 공자가 제나라에서 순임금 때 만든 음악인 소음악을 들은 곳이다. 현재 산동성 임치고성 동남쪽 소원촌韶院村에 있다. 아주 좁은 공간을 마련해 놓고 좌측엔 수명의 악사가 피리 부는 모습을 조각, 우측엔 비석을 세운 경위가 적혀 있으며 가운데에 해서체로 '공자문소처' 글씨가 조각되어 있다. 안내문을 읽어 보니 선통宣統년간(1908)에 원래의 비석이 민멸되자 마을 촌로들이 건의하여 새로 건립한 것이라 한다. 당시 공자가 소음악을 듣고 3개월 동안 고기 맛을 모를 정도로 심취하였다고 하는데 그 느낌을 조금이라도 느껴보려고 배회하길 수 차례, 떠나가기가 무척 아쉬웠다. 사실 공자만큼 음악의 중요성에 대해 강조한 성인도 드물다. 공문의 교과에 6예 중의 하나로서 음악이 있는 것은 물론이고, "시에 일어나고 예에 서고 음악에 완성한다.'(『논어』「태백」) 등 『논어』 곳곳에 음악을 강조한 공자의 면면이 보이고 있다.

공자문소처비에서 곰곰이 생각해 본다. 공자가 만일 제경공에게 등용되어 자신의 이상과 포부를 마음껏 펼 수 있었다면 어떠했을까. 세상은 많이 달라졌을까?

3. 주周나라에서

주나라는 B.C 11세기 경 주나라 무왕武王이 상(은)나라를 멸망시킨 후 주나라를 세우고 호경鎬京(지금의 섬서성 서안시)을 수도로 삼았다. B.C 771년에는 견융犬戎이 호경鎬京을 격파하고 주나라 유왕幽王을 죽였다. 이듬해 주나라 평왕平王은 동쪽에 위치한 낙읍洛邑(지금의 하남성 낙양시)으로 천도하였다. 역사상 평왕이 동쪽으로 천도하기 이전의 시기를 서주西周(B.C. 1122-770)라고 하고, 그 이후를 동주東周(B.C. 771-256)라고 한다.

주나라에서는 공자가 노자에게 예를 물은 곳에 세운 비석인 공자입주문예처비를 찾아가 보았다.

1) 공자입주문예처비 孔子入周問禮處碑

노나라 사람 남궁경숙南宮敬叔이 노나라 임금에게 공자와 함께 주나라에 가기를 청하자 임금은 수레 한 대, 말 두 필, 시자 한 명을 주어 주나라에 가게 하였다.

<공자입주문예처비(공자가 주나라에 가서 노자에게 예를 물은 곳)>

공자가 주나라에 노자를 찾아갔을 때 노자에게 예에 관해서 묻자

노자는 이렇게 대답하였다.

"그대가 말하는 성현들은 그 육신과 뼈가 모두 이미 썩어버리고 단지 그 말만 남아있을 뿐이오. 하물며 군자도 그때를 만나면 관직에 나아가지만, 때를 못 만나면 이리저리 날려다니는 다북쑥처럼 떠돌아다니는 유랑의 신세가 될 것이오. 뛰어난 장사꾼은 물건을 깊이 숨겨두어 겉으로는 아무것도 없는 것 같이 보이고, 군자는 훌륭한 덕을 간직하고 있으나 외모는 어리석게 보인다고 들었소. 그대의 교만과 탐욕, 허세와 지나친 욕망을 버리도록 하시오. 이러한 것들 모두가 그대에게 아무런 도움이 되지 않을 것이오. 내가 그대에게 말할 것은 단지 이것뿐이오."

공자는 돌아와서 제자들에게 이렇게 말하였다.

"새는 잘 날 수 있고, 물고기는 잘 헤엄치며, 들짐승은 잘 달릴 수 있다는 것을 나는 알고 있다. 그러므로 달리는 들짐승은 그물로 잡을 수 있으며, 헤엄치는 물고기는 낚시로 낚을 수 있고, 나는 새는 화살로 잡을 수가 있다. 그러나 용은 구름과 바람을 타고 하늘로 올라가니 용에 대해서 나는 아무것도 알 수가 없다. 오늘 내가 노자를 만나보니 그는 마치 용과 같은 사람이었다."

공자가 작별 인사를 하고 떠날 때, 노자가 공자를 송별하며 말했다.

"내가 들으니 부귀한 자는 사람을 전송할 때 재물로써 하고, 어진 자는 사람을 전송할 때 말로써 한다고 하오. 나는 부귀하지 못하나 인자仁者라고 자처하기를 좋아하니 다음 말로써 그대를 전송하겠오. '총명하고 깊게 관찰하는 사람에게는 죽음의 위험이 따르는데 이는 남을 잘 비판하기 때문이요, 많은 지식을 지니고 재능이 뛰어난 사람은 그 몸이 위태로운데 이는 남의 결점을 잘 지적해 내기 때문입니다. 사람의 자녀 된 자는 아버지뻘 되는 사람 앞에서 자기를 낮추고, 사람의 신하된 자는 임금 앞에서 자기를 치켜세우지 않는 법입니다."(『사기』「공자세가」)

'공자입주문예처비'는 공자가 당시 주나라 서울 낙양에 가서 노자에게 예를 물은 곳을 기념하여 세운 비석이다. 하남성 낙양 동관대가東關大街 북측에 있다. 청나라 옹정 년간에 세워진 이 비석의 원래의 정식명칭은 '공자가 주나라에 들어와 여기에 이르러 예악을 물었다'(孔子入周問禮樂至此)비석이다.

오후 늦게 찾아간 곳은 낙양의 '공자입주문예처비'였다. 이 비석은 다른 곳의 비석이 비석 하나만 달랑 서있는 것과 달리 가운데는 비석이고 양쪽을 벽돌로 쌓아올려 윗 부분이 둥그런 형상으로 되어 특이한 양식으로 되어 있다. 비석 바로 앞에는 빨랫줄 두 개가 양쪽에 나무를 지지대로 하여 서있고 빨래가 무질서하게 걸려있었다. 또 비석과 붙어있는 바로 옆에는 국수 만드는 할아버지 집이 있었다. 사진을 찍으려고 하니 예상치 못하게 밧데리가 다 떨어져 그냥 갈까 고민하였다.(이 비석 사진은 구할 수 있으므로) 그러나 그럴 수는 없어 기지를 발휘하여 국수집 할아버지께 양해를 구하고 급히 10분 정도 충전하여 수 장의 사진을 무사히 찍을 수 있었다. 밧데리를 충전하는 동안에 국수집 노인과 대화해 보니 원래는 이곳에 대규모의 문묘文廟(공자 사당)가 있었는데 1947, 8년의 국민당과 공산당의 전쟁 중 파괴되었다고 한다. 그리고 보니 비석 윗 부분에 '중수문묘비기重修文廟碑記'라고 명칭이 되어 있어 이곳이 옛 문묘가 있었던 곳에 세워진 비석임을 알려주고 있다. 또한 노자의 사당도 있었으나 지금은 낙양 14중학교로 바뀌었다는 소식도 전해준다.

2) 무씨화상사 武氏畵像祠

무씨화상사는 노나라 경내에 있으나 노자와 공자의 만남과 관련이 있으므로 이 곳에 함께 서술한다.

제2장 공자의 문화유산 답사기 71

<공자견노자도(무씨화상사본. 상단 좌측이 노자, 우측이 공자)>

산동성 가상嘉祥의 '무씨화상사'는 청나라 건륭년간에 무씨 가족묘에서 출토된 한漢나라 때의 화상석들을 모아 전시한 곳이다. 특히 공자가 노자를 만난 한대의 화상석이 출토된 곳으로 유명한 무씨 사당이다. 공자는 젊었을 때 당시 주나라의 서울인 낙양에 노자를 찾아가 예를 물은 적이 있다.('입주문예처비' 참조) 그런데『공자주유열국지』의 저자인 맹헌빈교수는 공자가 노자를 이곳 가상에서 또다시 한번 더 만났다고 주장한다. 그 증거로 그는 이곳에서 '공자견노자도' 화상석이 유난히 많이 출토된 것을 그 근거로 제시하고 있다.

무씨화상사는 그야말로 허허 벌판인 곳에 몇 번이나 길을 물어 찾아가야 했다. 도착하니 일단의 중국인 관광객 7-8명이 마침 관람을 하고 있었다.(건물 입구 왼쪽에 보니 무씨화상사가 국가교육기지로 지정되어있다는 팻말이 있다)

처음에는 이곳에 있던 '공자견노자도孔子見老子圖' 원석이 제녕시

濟寧市 박물관에 소장되어 있는 것으로 알고 있었던 까닭에 그냥 기념삼아 들렀던 것이었다. '공자견노자도' 이외의 다른 화상석은 내게 별로 관심이 없었기에 시큰둥하게 이곳 저곳의 전시실에 진열되어있는 한나라 때의 화상석들을 살펴보았다. 나오다 보니 왼쪽에도 작은 전시실이 있는 것 같아 들러 보니 중년의 아저씨가 철창 속에 있는 화상석에서 마침 탁본을 뜨고 있었다. 자세히 보니 바로 '공자견노자도' 화상석이 아닌가. 깜짝 놀라 물어보니 원본은 여기에 있고 제녕시 박물관에 있는 것은 다만 '공자견노자도'만 있는 일종의 모본 성격을 띤 다른 종류의 것이었다.

무씨사의 '공자견노자도'는 '공자견노자도' 화상석 중 가장 이르고 풍부한 내용을 담고 있다. 특히 안회와 자로의 이름까지 새겨져 있으며 노자의 제자 7인 공자의 제자 20인까지 새겨져 있는 대형의 것이다. 탁본이 떠지지 않는 왼쪽 윗 부분의 하얀 부분은 일본인이 파괴한 것이라 한다. 사진을 찍으려고 하니 못 찍게 한다. 원래 이곳은 일반인에게 공개하지 않는 곳이나 얼마 전 국가여유국에서 외국사절에게 선물하려고 요청하여 마침 탁본을 뜨고 있는 중이라 한다. 이 절호의 찬스를 놓칠 수 있겠는가. 혹시 판매할 의사가 있는가 하여 가격을 물어보니 1,000원(당시 환율로 15만원)을 달라고 하며 그 이하는 안된다고 한다. 아마도 원래는 탁본을 한 부만 할 예정이었으나 이참에 몇 부 더하여 술값이라도 챙길 모양이다.(그곳에 있는 관계자 한 사람은 낮술을 해서 벌써 얼굴이 벌겋다) 이 탁본은 일반적으로 구하기 힘든 매우 귀중한 물건이며 당신은 무척 운이 좋다고 하면서 말이다. 가만히 보니 주위에는 탁본을 뜨는 사람과 그곳 관계자 다른 두 명이 더 이 상황을 지켜보고 있었다. 이에 언제 이와 같은 것을 살 기회가 있으랴 싶어 눈 질끈 감고 큰맘 먹고 구입했다. 워낙 대형이어서 표구는 아직 못했지만 귀국 후 책꽂이에 세워져 있는 것을 간혹 꺼내 보면서 공자와 노자의 용과 봉의 풍운의 만남을 상상해 보곤 한다.

그러고 보니 탁본과 관련하여 생각나는 것이 있다. 처음 곡부에 들렀을 때 책에서 그림으로만 보던 당나라 오도자吳道子가 그린 '공자행교상孔子行敎像' 탁본을 구입하였을 때는 이 탁본을 소장하였다는 사실에 무척 감격하고 흥분하였다.(일반적으로 오도자의 공자행교상을 정본으로 친다) 당시에는 원래의 비석에서 그대로 직접 탁본을 뜨는 것으로 생각하여 흐뭇해 했다. 그런데 수년 뒤 북경의 공자묘(사당)에 들렀을 때 입구에서 플라스틱 판에 조각된 공자상에서 '공자행교상'을 탁본처럼 뜨는 것이 아닌가. 이전에 이런 말을 듣고는 설마하였으나 직접 현장을 보고 나니 충격이었다. 어쩐지 후배가 서안 비림碑林에서 사온 탁본과는 그 섬세함이나 먹 색깔 등 느낌이 다르더라니. 그 사건 이후 나는 중국 탁본을 원탁이라고 믿지 않게 되었다. 중국에서 산 모든 탁본은 다만 참고용으로 구입하는 것이라고 자위하면서.(사실 증자 사당에서의 건륭황제 글씨 탁본도 구입한 뒤 혹시 모본이 아닌가 하고 요리 조리 살펴 보았다. 결론은? 그 먼 시골에서 설마 모본 탁본을 팔겠는가였다. 모본이어도 할 수 없다. 50원(7,500원) 주고 구입하였으니까. 속은 셈 치면 된다.)

그런데 이렇게 직접 탁본을 뜨는 것을 보고 구입하는 것은 그야말로 진품이 아닌가. 게다가 일반인이 쉽게 구할 수 없는 귀중한 탁본임에랴! 관계자가 탁본을 포장하러 사무실에 간다고 하니 내가 타고 다니는 승용차의 기사가 그 담당자를 따라 갔다가 한참 있다가 오길래 물어보니 그 탁본을 제대로 포장하는지 그 자리에서 지켜보았다는 것이다. 아뿔사! 그 점까지는 내가 미처 생각하지 못했구나. 거금을 주고 사면서도 끝까지 챙겨보아야 하는데. 빡빡머리에 조폭같이 생긴 기사는 평소 원래의 답사 계약대로라면 자기는 적자라면서 계속 투덜대면서 하소연하던 녀석인데. 글쎄 이런 세세한 점까지 생각하다니. 기사가 그때는 무척 사랑스러워 보였다.(이 사건은 나중에 기사가 섭섭하지 않게 잔금을 치르는 중요한 계기가 되었다. 당시는 환율이 1:150이어서 이런 객기가 가능했다)

그런데 집에 와서 시간을 내어 탁본과 같이 준 『가상한화상석』(산동미술출판사)에 실려있는 '공자견노자도'와 대조해 보니 내가 가져온 탁본과는 좀 다른 느낌이 들었다.(내 것은 원본 크기여서 인물들의 모습이 선명하고 책에 있는 것은 많이 축소 복사하여 겨우 형체만 보인다) 혹시 이것마저도 가짜? 아무 것도 모르고 가만히 있는 나에게 운전기사가 그런 말을 한 까닭이 없지 않은가.(포장하는 것을 확인하러 갔다고) 혹시 도둑이 제발 저려서가 아닐까? 라는 의문이 꼬리에 꼬리를 물고 솔솔 피어올랐다. 그러다가 최근에 탁본을 넣어준 무씨화상사 봉투에 '공자견노자도' 사진이 있는 것을 우연히 발견하고 대조해 보고 안심을 하였다. 원본이라고 말이다.(책 보다는 좀더 큰 사진임) 하기야 원본이 아니면 어떤가. 이 또한 다른 곳에서는 원본일 테니까.

4. 위衛나라에서

위나라는 주나라 무왕의 아우인 강숙康叔에게 처음으로 분봉된 나라이다. B.C 11세기 무경武庚이 반란을 일으키자 강숙의 형인 주공이 이를 평정한 후 상나라 도읍지 주변 지역과 은나라 백성들을 자신의 아우인 강숙에게 분봉함으로써 그 당시 큰 나라가 되게 하였다. B.C 660년 적狄나라에 패하자 위나라는 제나라의 도움을 받아 초구楚丘(지금의 하남성 활현滑縣)로 천도하였는데 이때부터 나라의 규모가 축소되었다. 뒤에 다시 제구帝丘(현재 하남성 복양濮陽)로 천도하였다.

　공자의 『논어』에서의 유일한 여자 관련 에피소드도 위나라에서 발생했다. 위령공(위나라 22대 임금. 재위 B.C. 534-493)에게는 남자南子라는 부인이 있었는데 행실이 좋지 않았다. 그녀는 사람을 시켜 공자에게 말했다. "사방의 군자들은 우리 임금과 친하게 사귀고 싶은 생각이 있으면 반드시 그 부인을 만납니다. 우리 부인께서 보기를 원합니다." 공자는 사양하다가 나중에는 부득이 가서 만났다. 돌아와서 공자가 말하였다. "나는 원래 만나고 싶지 않았지만, 만나는 예로써 답한 것이다" 자로가 기뻐하지 않자 공자는 맹세하여 말하였다. "내가 잘못한 것이 있다면 하늘이 싫어할 것이다. 하늘이 싫어할 것이다."(『논어』「옹야」)

　위 나라에서 머문 지 한달 남짓 되었을 때, 영공은 부인과 함께 수레를 타고 환관인 옹거를 시위로 옆에 태우고 궁문을 나서서 가는데, 공자는 뒷 수레를 타고 따라오게 하면서 시내의 이곳저곳을 지나갔다. 이에 공자가 말하였다. "나는 덕 좋아하기를 여자 좋아하듯 하는 자를 보지 못했다."(『논어』「자한」,「위령공」) 이에 이곳의 정치 환경에 실망하고 위나라를 떠나서 조나라로 갔다.

　영공은 늙어서 정사에 태만하였고, 또한 공자를 등용하지도 않았다. 이에 공자는 크게 탄식하며 말했다. "진실로 나를 쓰는 자가 있다면, 일 년이면 될 만하고 삼년이면 이룸이 있을 것이다."(『논어』「자로」) 어느 날 위나라 영공이 공자에게 군대의 진치는 법을 물었다. 공자가 말하였다. "예법에 관한 일은 일찍이 들었습니다만 군대의 진치는 작전법은 아직 배우지 못하였습니다."(『논어』「위령공」) 다음날 영공이 공자와 더불어 이야기하다가 날아가는 기러기를 보자 그것을 쳐다보며 공자의 말에는 관심을 두지 않았다. 공자는 드디어 그곳을 떠나 다시 진나라로 갔다.

공자는 노나라와 위나라의 정치는 형제와 같다고 평가하기도 하였다.(『논어』「자로」) 이때 위나라의 군주 첩의 부친 괴외는 군주의 자리에 오르지 못하고 국외에 망명 중이었는데, 제후들은 위나라 임금에게 부친에게 양위해야 한다고 여러 차례 꾸짖었다. 당시 공자의 제자들 중에는 위나라에서 벼슬하고 있는 사람이 많았고 위나라 임금은 공자에게 정치를 맡기고 싶어하였다. 이에 자로의 "위나라 임금이 선생님을 기다려 정치를 한다면 선생님은 장차 무엇을 먼저 하겠습니까?" 라는 질문에 "반드시 명분을 바로잡을 것이다."(正名)라고 하여 당시의 무너진 도덕과 명분을 바로잡는 것에 강한 의지를 보였다.(『논어』「자로」)

위나라에서는 광땅, 습례왕촌, 참목촌, 학당강성묘, 달항당인리, 공자회원처비를 둘러 보았다.

1) 광匡땅

공자와 양화陽貨(양호陽虎라고도 함)와의 인연은 기록에 의하면 두 번 보인다.

첫 번째는, 공자가 아직 어머니의 상복을 입고 있을 때 계씨가 명사들에게 연회를 베풀었다. 이에 공자도 참석하러 갔다. 그런데 양호가 가로막고 말하였다. "계씨는 명사들에게 연회를 베풀려고 한 것이지 당신에게 베풀려고 한 것이 아니요." 이에 공자는 물러나고 말았다.

두 번째는, 양화가 노나라에서 실권을 쥐고 있을 때이다. 양화가 공자를 만나보고자 하였으나 공자가 만나주지 않자 양화가 공자에게 삶은 돼지를 선물로 보내주니 공자도 그가 집에 없는 틈을 타서 사례하러 가다가 길에서 마주쳤다.

광땅(공자와 제자들이 생명의 위협을 당한 곳)

양화가 공자에게 말하기를 "이리 오시오! 내 그대와 말하리다."
양화: "그 보배를 품고서 그 나라를 혼미하게 하면 인하다고 이를 수 있겠습니까?"
(양화:) "그럴 수 없습니다."
양화: "일에 따르기를 좋아하면서 자주 때를 잃으면 지혜롭다고 이를 수 있겠습니까?"
(양화:) "그럴 수 없습니다."
(양화:) "해와 달은 가고 세월은 나와 함께 하지 않습니다."
공자: "알겠습니다. 내 장차 벼슬하겠습니다." (『논어』「양화」)

공자가 장차 진나라로 가려고 광땅을 지나가는데 마침 공자의 수레를 모는 안각이 말채찍으로 성의 무너진 곳을 가리키면서 이전에 저곳으로 들어왔었다고 하였다. 그런데 안각은 이전에 양호 밑에서 일을 한 적이 있었다. 양호는 일찍이 광 지역(땅) 사람들에게 포악하게 대하였었다. 이에 광땅 사람들은 혹시 양호가 오지 않았나 의심을 품고 있었는데 공교롭게도 공자의 외모가 양호와 비슷하였다. 이에 광땅 사람들은 이전에 자신들을 못살게 군 양호에게 받은 수모를 되갚기 위해 공자 일행의 앞길을 막고 5일간이나 포위하고 놓아주지 않았다. 이 와중에 안회가 뒤따라 도착하자 공자가 말하였다.

    공자: "나는 네가 죽은 줄 알았다."
    안회: "선생님이 계신데 제가 어찌 감히 죽겠습니까?"(『논어』「선진」)

광 지역 사람들이 공자를 향하여 더욱 급박하게 포위망을 좁혀오자 제자들이 두려워하기 시작하였다. 여기서 공자는 그 유명한 사자후를 토한다.

    "문왕이 이미 돌아가셨으니 글(『주역』)이 여기에 있지 않은가? 하늘이 장차 이 글을 없애려 할진댄 뒤에 죽는 자(공자)가 이 글에 참여하지 못하리니 하늘이 이 글을 없애려하지 않을진댄 광땅 사람이 내게 어찌 하리오?"(『논어』「자한」)

공자는 사자를 영무자寧武子에게 보내어 위나라의 신하가 되게 한 후에야 비로소 그곳을 떠날 수 있었다. 광땅은 공자가 사명감을 가지고 의연한 진리의 수호자로서의 모습을 보여준 곳이다.

'광땅'은 공자가 양호와 닮아 수난을 당한 곳으로 하남성 장원현長垣縣 서남쪽 9키로에 있다. 처음에는 『공자주유열국지』에 표시된 곳인 공장孔庄만 알고 찾아 가려 하였다. 그런데 유일하게 거백옥묘 위치를 알고 있는 노인에게 광땅(지금의 공장)으로 간다고 하였더니 광땅은 북공장과 남공장이 있으며 공자와 관련있는 곳은 남공장이 아닌

북공장이라고 한다. 이에 함께 가보니 넓은 벌판에 여기저기 구덩이가 파여져 있고 군데군데 나무들이 산재해 있을 뿐 여름인데도 무척이나 황량하였다. 마침 그곳에서 일을 하고 있던 또 다른 노인에게 물어보니 차가 다니는 도로 옆에 대형 간판이 있는 곳이 광이라는 비석이 있었던 자리라고 한다.

원래는 지명이 광이었으나 공자가 이곳에서 화를 당한 이후로 공장 孔庄이라고 명칭이 변한듯하다. 마침 광匡과 공孔의 발음도 비슷해서 더욱 그런 것 같다.

2) 습례왕촌 習禮王村, 참목촌 參木村

<습례왕촌(공자와 제자들이 예를 익히던 곳)>

'습례왕촌'은 하남성 장원현 동쪽 11키로 노강향 서부에 있다. 공자와 제자들이 이곳을 지나다가 큰 나무 밑에서 예를 익힌 곳이다. 습례왕촌

을 찾아가 보니 전형적인 중국 시골 마을일 뿐 참목촌처럼 공자와 관련된 어떠한 유적이 남아있으리라고는 기대하기 어려웠다. 마침 어린이 여러 명이 길에서 놀고 있길래 혹시 마을에 오래된 나무가 있냐고 하자 그 중 두 명이 있다고 하면서 길을 안내한다.(남녀 각 1인으로서 초등학교 3학년, 1학년) 한참 이리저리 골목을 따라 가보니 마을 후면 외진 곳에 과연 한눈에 보기에도 오래된 나무가 유일하게 서 있다. 마침 그 나무 옆에서 염소 치던 노인에게 물어보니 바로 옆의 오래된 나무 자리가 공자가 예를 익히던 곳이라 한다. 현재는 원래의 자리에서 몇 미터 옮겼다고 하면서 바로 옆 원래의 자리를 가리켜 준다. 노인이 부연 설명하길 이전 나무의 벌목을 명한 지휘자 양친 두 명이 악몽을 꾸고 갑자기 사망하였다고 한다. 동행한 왕교수는 이 나무가 아마도 보호수인 듯하다고 추측하였다. 기대하지 않다가 뜻밖의 수확에 기쁜 마음에 사진을 몇 장 찍고 나무 바로 앞의 작은 호수를 돌아가 건너 편에서도 사진을 몇 장 찍었다. 건너가 확인해 보니 다른 나무와 달리 과연 유독 그 나무 한 그루만이 하늘을 찌를듯이 높이 솟아있었다.

그리고 '참목촌參木村'이 있다. 참목촌은 공자가 나무가 무성한 것을 보고 감탄한 곳이라 한다. 하남성 장원현 동남쪽 14키로 뇌리진 서북부에 있다. 그런데 이와는 달리 현재 가장 오래된 나무는 18년에서 20년 정도밖에 되지 않았고 동네 주민들에게 물어보니 주민들은 이런 사실을 전혀 모르고 있었다.

3) 학당강성묘 學堂崗聖廟

'학당강성묘'는 공자 일행이 지나다가 강의를 하던 곳이다. 현재 장원현 북쪽 5키로 만재향滿材鄕 학당강촌 동쪽 학당강중학교 안에 있다. 오후 5시경 입구에 가자 갑자기 폭죽이 터진다. 비록 짧은 시간이기는 하지만... 방학 중이어서 관리인에게 찾아온 뜻을 밝히고 내부를 탐방하였다. 학교 안에 행단杏壇 비석이 정자 안에 서 있다. 행단 비음기碑陰記에 의하면 이전에 '언지재言志齋', '영귀재詠歸齋' 두 개의 건물이 있었으며 또한 공자가 거문고를 연주하고 자로, 증석, 염유, 공서화가 옆에서 모시고 있는 조각상이 있었다고 한다.

<학당갑성묘의 행단(공자가 강의하던 곳)>

비석의 내용을 자세히 살펴보다 매우 중요한 사실을 발견하였다. 즉 본 비석의 내용에 의하면 공자와 자로, 증점, 염유, 공서화의 대화가 바로 이곳에서 있었다고 한다.(『논어』「선진」대화의 내용에 대해서는 '무우대' 인용문 참조. 일반적으로 이 대화는 어느 곳에서 있었는지는 주의를 기울이지 않고 막연히 곡부에서 있었던 것으로 추측한다) 그렇다면 이곳은 공자학단에서 매우 중요한 장소 중의 하나이다.

그런데 공자가 주유천하 할 당시에 공자를 수행한 사람이 누구였는지는 정확히 밝혀져 있지 않다. 다만 안회, 자로, 자공, 염구가 시종하였으며 계속 시종한 이는 안회와 자로이며 자공과 염구는 들락날락거렸던 것으로 추측된다. 맹헌빈교수의 『공자주유열국지』에 의하면 전기 후기 수행 제자 명단에도 증점과 공서적은 명단에 없다. 그렇다면 과연 어떤 기록이 옳은 것인가. 본 비석의 내용은 이전부터 향리에서 전해 내려오는 구전을 기록한 것이라 이 기록도 무시할 수 없다. 『명승지』의 기록에 의하면 "이전에 공자가 여러 나라를 다닐 때에 네 명의 제자(자로, 증석, 염유, 공서화)와 여기에서 노래부르고 시를 읊었으므로 학당강이라고 하였다."한다. 맹교수의 고증은 2500년 이후의 것이다. 2,500년 공자 당시의 상황을 어느 누가 정확하게 단언할 수 있단 말인가. 그렇다면 오히려 향리에 전해 내려오는 것이 타당할 수도 있을 것이다. 또한 이 지역은 행정상으로는 비록 하남성에 속하지만 이전에는 위나라 지역에 속했고 곡부에서도 가까워 증점과 공서적이 수행했을 수도 있다. 그렇다면 '기수에서 목욕하고 무우대에서 바람쐰다.'(浴乎沂, 風乎舞雩)는 곡부에서의 대화가 아니라 이곳에서 있었던 것이 된다.

학당강성묘를 답사하고 활현에서 숙박하였다. 나중에 알고 보니 공자 역시 주유천하 도중 이곳에서 수십키로 떨어진 곳에 묵었던 적이 있었다.(이를 기념하기 위해 '공자유숙처비'가 있었다고 한다)

4) 달항당인리 達巷黨人里

'달항당인리'는 공자를 "위대하도다 공자여! 널리 배웠으되 이름을 이룬 것이 없도다."(博學而無所成名)고 평가한 은자가 살던 동네이다.

(『논어』「자한」) 현재는 산동성 연주兗州 교향郊鄉 서북 부근 구관舊關에 소재하고 있다. 주택가에 있는 것을 어렵게 찾아갔다. 가보니 현재의 지명은 '구관舊關'이라는 명칭으로 알려져 있다.

<달항당인리(공자를 평가한 은사가 살던 곳)>

수년 전에 답사한 이곳을 소개한 책에서 밝힌 곳에서 달항당임을 알리는 마을 표지인 '구관'이 멀리 떨어져 있어 찾는데 애를 먹었다. 표지판 뒤의 설명문에 의하면 공자가 중도리는 고을을 맡아 다스린 당시 이곳에서 쉬었다고 하며, 어린 소년 항탁이 공자를 가르쳤던 곳이 바로 이곳이라고 한다.('공자견노자도'에서 공자와 노자 사이에 바퀴를 굴리고 있는 작은 어린 아이가 있는데 바로 이 애가 공자를 가르친 적이 있다는 항탁이다)

5) 공자회원처비 孔子回轅處碑

공자는 위나라에서 등용되지 못하자 장차 서쪽으로 가서 진나라의 조간자를 만나려고 하였다. 황하에 이르러서 두명독과 순화가 피살된 소식을 듣고서 탄식하면서 말하였다.

<공자회원처비(공자가 진晉나라로 가려다가 수레를 돌린 곳)>

"아름답구나 황하여, 넓고 넓도다! 내가 이 황하를 건너지 못하는 것은 또한 운명이로다!"

자공이 달려 나아와 물었다. "이제 하신 말씀은 무슨 뜻입니까?"

공자가 말하였다. "두명독과 순화는 진나라의 어진 대부였다. 조간자가 아직 뜻을 얻지 못했을 때 이 두 사람의 도움으로 정치를 하였다. 그런데 지금은 그가 뜻을 이루자 도리어 그들을 죽이고 정권을 장악하고 있다. 내가 듣기로 배를 갈라 어린 것을 죽이면 기린이 교외에 이르지 아니하고, 연못을 마르게 하여 고기잡이를 하면 교룡이 운우를 일으켜 음양의 조화를 이루려 하지 않고, 둥지를 뒤엎어 알을 깨트리면 봉황이 날아오지 않는다고 한다. 왜냐하면 군자는 자기와 같은 무리가 상하는 것을 꺼리기 때문이다. 대저 짐승도 그 의롭지 못한 것을 오히려 피할 줄 아는데 하물며 이 공구에게서랴!"(『사기』「공자세가」)

이에 추향에 돌아가 쉬면서 '추조陬操'를 지어 두명독과 순화를 애도하였다.

'공자회원처비'는 공자가 진나라로 가려다가 황하에 이르러 원래는 조간자를 도와주던 두명독, 순화 두 현인이 조간자가 집권한 뒤에 그에 의해 해를 입어 세상을 떠났다는 말을 듣고 수레를 돌린 곳에 이를 기념하기 위해 세운 비석이다. 현재 산동성 치평현茌平縣 박평진博平鎭 삼교당三敎堂에 소재하고 있다. 원래는 어느 자료에도 공자회원처 비석 소재지가 나타나 있지 않으나(『주유열국지』에도 소개되어 있지 않다) 진현종씨의 책에 소개가 되어 있어 찾아가기로 한 곳이다. 아뿔사! 그런데 그 자료를 가져오지 않았다. 그래서 그곳에 가기 전에 집에 국제전화를 하려고 하니 전화 카드의 액수도 부족하여 호텔(귈리빈사) 프론트에 물어보니 전화카드를 판매하지 않는단다. 방에서 전화도 되지 않아 할 수 없이 기억을 되살려 짜내보니 '박평진'이라는 곳이 바로 공자회원처인 것 같아 가이드에게 미리 이야기는 해 두었다.(그러나 가이드도 처음 들어보는 곳이라 역시 캄캄하다) 이에 다음날 아침 일찍 신화서점이 문을 열기를 기다려 산동성 지도책을 사서 살펴보니 박평진이 있는 것이 아닌가. 그래서 산동성 북서쪽에 위치한 박평진에 가보니 진짜 그야말로 깡촌인데다가 여기 저기 물어보아도 아무도 아는 자가 없어 이렇게 시간만 흘러가고 이번 기회에 답사를 못하는 것이 아닌가 하는 생각마저 들었다.

그러다 보니 점심 때가 되어 길 가의 이름모를 작은 음식점에 들어가 음식을 시키고 혹시나 하여 물어보니 주인 아주머니가 안다고 하는 것이 아닌가. 그러면서 한쪽 귀퉁이가 썩은 다 낡은 2003년에 치평현에서 간행한 칼라본 치평문물 소개 책자를 내놓았다. 바로 그 안 한 페이지에 그렇게 찾고 또 찾았던 비석이 칼라로 게재되어 있고, 두명독과 순화가 세상을 떴다는 말을 듣고 공자가 수레를 돌렸다는 고사와 삼교당이라는 정확한 위치까지 적혀 있었다. 그때의 그 감격이라니! 참으로 형용할 수 없는 기쁨을 느꼈다. 마치 2500년 전의 공자가 내게 길을 제시하여 이곳까지 인도한 것처럼!

이에 식사를 끝내고 사례는 충분히 한다면서 길 안내를 부탁하니 부부는 바빠서 안되고 딸에게 부탁했으나 거절당했다. 전혀 모르는 타지의 낯선 남자 세 명에다가 그 중 운전사는 조폭 같은 외모인데 누가 즐거이 안내를 맡겠는가. 하는 수 없이 헤매다가 찾아가 보니 삼교당 마을 중간 지점에 자리하고 있었다. 3년 전에 답사한 이의 기록에는 비석이 집 담 밑에 방치되어 있어 무척 안타까웠다고 하였고 실제로 사진상으로도 비석이 아무렇게나 방치되어 있었다. 그런데 3년 뒤인 오늘날에는 마을 보건소 앞 마당에 잘 세워 놓고 보존하고 있었다. 비석을 살펴보니 건륭 년간에 세워진 화강암 비석으로 그런대로 보존이 잘 되어 있었다.

5. 조曹나라에서

조나라의 시조는 숙진탁叔振鐸이다. 숙진탁은 주무왕의 동생이다. 주나라 무왕이 은나라의 주왕을 멸망시킨 뒤에 아우인 숙진탁을 조후曹侯에 봉하였다. 수도는 도구陶丘(현재 산동성 정도현定陶縣)였다.

조나라에서는 공자가 방문한 적이 있는 조나라 시조의 조군묘曹君墓를 답사하였다.

1) 조군묘 曹君墓

<조군묘(조나라 시조 숙진탁의 묘)>

'조군묘'는 현재 산동성 정두현定陶縣 북쪽 5.5키로에 위치하고 있다. 일찍이 공사가 이곳을 지나다가 참배한 적이 있는 숙진탁의 묘가 있는 곳이다. 원래는 이번 답사에 별 도움이 되지 않을 것 같아 찾아가지 않으려고 했다. 그러나 이왕 이곳까지 어렵게 왔으니 언제 다시 올 기회가 또다시 있겠냐 싶고 공자와 관련된 곳이라 찾아가게 되었다.

숙진탁은 주나라 초대 왕인 무왕의 동생이며 조나라의 시조이다.

이미 3,000년이 흘렀는데 방산仿山에 소재하고 있다.(곡부의 방산防山과 다른 산임) 비가 오는데 아무리 찾아보아도 숙진탁의 묘소는 보이지 않고 야트막한 야산 정상에 사당을 짓고 거대한 숙진탁의 소상을 모셔 놓았다. 소상은 황금색으로 덧입혀져 마치 사찰의 불상을 연상케 했는데 크기도 불상과 비슷하였다. 사당 안에서 물건 파는 할머니에게 물어보니 바로 이 산이 숙진탁의 묘이며 그 묘 위에 사당을 세웠다고 한다. 어쩐지 아무리 찾아도 묘가 보이지 않더라니. 산 전체가 묘소였던 것이다. 지금까지 많은 묘소를 보았지만 이런 형식(묘소가 산인데 그 정상에 사당을 세운 경우)은 처음 보는 것으로 참으로 특이하고 기발한 발상이다.

　사당에서 내려다보니 사방이 탁 트여있고 경치가 좋은 곳에 그야말로 명당에 자리잡고 있다. 숙진탁 묘인 산은 여러 건물이 들어서 있고 잘 정돈되어 있었다. 그런데 건물명은 옥황전, 관음전 등 그야말로 유불선 세 종교가 모두 섞여 있었다. 다른 이들의 묘소와 달리 묘역이 무척 잘 보존되고 있었는데 후손들이 묘역을 잘 보존하는 것이 결국은 자신의 복을 빌기 위한 것이라는 것을 여기서도 느낄 수 있었다. 사당 밖 난간에 사방으로 빙 둘러서 글씨가 새겨져 있어 살펴보니 공자가 이곳을 지나다가 목이 말라 냇가에 있던 아가씨에게 물을 달라고 하자 아가씨가 '남녀수수불친'이라고 하여 거절했다는 고사를 서술해 놓았다. 이곳은 '아곡정운阿谷停雲'이라는 고사로서도 알려져 있다. 공자 일행이 방산 골짜기에 이르렀을 때 홀연히 상서로운 구름이 나타나 공중에 머물러 있어 기이한 광경을 연출했다는 것이다.

6. 송宋나라에서

송나라는 은나라가 망하고 주나라가 세워지면서 은 왕조의 자손이 봉해진 나라이다. 국성은 자子이고 시조는 은나라 마지막 왕인 주紂왕의 서형인 미자계微子啓이다. 도읍은 상구商丘(지금 하남성 상구의 현성 남쪽)이다.

송나라에서는 문아대와 공자환향사, 망탕산 부자동을 답사하였다.

1) 문아대 文雅臺

<문아대(공자가 송나라에서 환퇴에게 고난을 당한 곳)>

공자는 주유천하 하면서 끊임없이 협박과 생명의 위협에 시달려야 했다. 이 중 대표적인 것이 송나라에서 일어난 사마司馬(대장군)환퇴와의 사건이다.

　공자는 조나라를 떠나 송나라로 가서 제자들과 큰 나무 아래에서 예의에 대해 강습하였다. 송나라 사마인 환퇴가 공자를 죽이려 하였고 그 나무도 뽑아버렸다. 이에 공자는 그곳을 떠날 수밖에 없었다.
　제자들이 말하였다. "빨리 떠나는 것이 좋겠습니다."
　이에 공자가 말하였다. "하늘이 덕을 나에게 내려 주었으니 환퇴가 나에게 어찌하겠는가."(『논어』「술이」)

　'문아대'는 현재 하남성 상구현 동남쪽에 자리잡고 있다. 송나라 사마인 환퇴가 당시 큰 나무 아래에서 예를 강의 중이던 공자를 해치려고 그 나무를 뽑은 곳에 정자를 세운 곳이다. 현재는 사회복리원 옆에 있다. 비가 많이 오는 가운데 외진 곳에 자리한 문아대를 물어물어 찾아갔다. 진흙길과 수풀을 헤치고 가보니 아직 완전하게 정리가 안되었는지 문이 굳게 닫혀 있었다. 담을 넘어가려 해도 높기도 한데다가 구멍이나 잡을 것이 없어 넘어갈 수도 없다. 혹시나 하여 자세히 살펴보니 누군가 왼쪽 창문 아래에 정확히 사람이 넘어갈 수 있을 정도의 벽돌 몇 장을 갖다 놓은 것이 발견되었다. 이에 그 누군가에게 감사하며 넘어가니 바로 창 안쪽에도 같은 양의 벽돌이 놓여있었다. 즉 창문 양쪽에 벽돌을 차곡 차곡 포개 놓은 것이다. 그 세심함이란!

　안에 들어가 보니 풀들이 곳곳에 아무렇게나 자라 있었고 건물도 달랑 두 채인데 그 중 정면의 하나는 아무 것도 없이 내부가 텅 비어 있었다. 또 하나는 작은 정자인데 안에는 당나라 오도자의 공자행교상 모본이 비석에 새겨져 있을 뿐이다. 문아대로 갈 때는 무언가 당시 상황과 그 유적에 대한 안내문이 있을 줄 알고 준비하지 않고 갔다가 당시 환퇴가 나무를 뽑은 장소가 정확히 어디인지 모른데다가 다시 오기도 사실상 힘들어 내부 도처에 짐작가는 곳마다 이곳저곳 사진을 찍기도 했다. 나중에 문헌을 조사해 보니 정자 자리가 바로 환퇴가 공자를 해치기 위해 나무를 뽑은 곳에 세운 것이었다. 장마 비는 추적추적 내리는데 당시 공자가 겪은 일을 회상하면서 감회가 새로웠다.

2) 공자환향사 孔子還鄕祠

'환향사'는 공자가 자신의 원적지인 송나라에 돌아와 조상에게 제사를 지낸 곳이다. 현재 하남성 하읍현夏邑縣 북쪽 7키로 왕공루촌王公樓村 서쪽 지점에 있다. 문아대를 들렀다가 갔는데 계속해서 여름비는 주룩주룩 내리고 있었다.

<공자환향사(공자가 선조의 고향에 돌아와 조상을 제사지낸 곳)>

환향사는 국도를 벗어나 시골길로 한참을 가서 무척 외진 곳에 있었다. 도로 곳곳이 물웅덩이가 파여져 있는데 보수를 하지 않아 승용

차로 다니기엔 무리였지만 강행하였다. 지금도 이렇게 도로 사정이 좋지 않은데 2,500년 전에 공자가 갈 때의 도로는 과연 어떠했을까 상상해 본다. 환향사는 찾는 이 없어 무척 적막하였다. 거의 대부분의 다른 유적지에서와 마찬가지로 관리인은 제자리를 지키지 않고 다른 곳에서 있다가 우리가 찾은 다음에야 그제서야 나타났다.

정문에서 도로를 따라가니 공자의 조각상이 도로 한가운데 서있고 그 뒤에 대성전(웬 대성전?)이라 편액이 붙어있는 건물 안에는 현대에 만든 공자의 조상들 소상이 배치되어 있었다. 불보하(10대) 미자(시조) 공보가(6대) 소상이 건물 가운데에 자리잡고 있었다. 밖을 자세히 둘러보니 도로 양쪽에 최근에 만든 공자 조상들의 이름을 새긴 비석이 곳곳에 서있는데 무덤은 보이지 않는다. 아마 오래되어 흔적을 찾을 수 없어 대략 전해 내려오는 구전으로 짐작되는 곳에 비석을 세운 것으로 보인다. 강희 32년(1693)과 광서 11년(1885)에 세운 비석을 제외하고는 모두 현대에 세운 것들이다. 외진 곳에 있고 찾는 이 없는데다가 비까지 내려 너무나 적막하였다. 곡부의 여러 유적지가 많은 사람들로 매일 붐비는 것과 비교하면 천양지차이다.

눈에 드러나는 것도 중요하겠지만 그것을 있게 한 존재에 대해 우리는 너무 소홀한 것이 아닐까하는 생각을 다시 해보게 된다. 더구나 자신의 뿌리에 대해서는 더 말할 것이 없다.

3) 망탕산 芒碭山 부자동 夫子洞 (공자피우처 孔子避雨處)

'망탕산 부자동'은 공자와 제자들이 천하를 주유하다 비를 만나 피한 동굴이다. 현재 하남성 영성현永城縣 동북 33키로 망탕산에 소재하고 있다.

<망탕산 부자동(공자피우처. 공자와 제자들이 비를 피한 곳)>

비가 오락가락하는 가운데 아침 일찍 망탕산 부자동을 찾았다. 지극히 낮은 조그마한 야산인데 전면에는 영성 공묘가 원래의 옛 모습대로 잘 보존되어 있으며 비석은 문화혁명 때에도 파괴된 것이 없는지 강희년대에 건립된 '만선동귀萬善同歸'(온갖 착함이 함께 돌아감)의 비석 등이 다른 곳과 달리 비교적 잘 보존되어 있었다.

공자와 제자들이 비를 피한 부자동에 가보니 동굴이라고 이름은 붙였으나 산 중턱의 바위 밑에 어른 열 댓명 정도 들어갈 수 있는 좁은 공간이었다.(깊이는 6.5 미터, 넓이는 20미터이다) 예전부터 있던 높이 1미터 정도의 공자의 조각상(좌상)은 얼굴 부분 등이 일부 파손되어 동굴 중간 유리 상자에 보관되어 있고, 최근에 조성된듯한 또 다른 공자상과 제자상은 일정한 기준 없이 그저 적당한 간격으로 배치되어 있었다. 동굴 윗면에는 원래의 바위를 깎아내 늘리려고 한 흔적이 보였는데 아마도 원래의 동굴은 지금의 규모보다는 작았을 것으로 추측된다.

　마침 공자와 제자들이 겪었던 것처럼 비는 내리는데 당시에 비를 피한 곳에 나도 또한 서있자니 당시를 회상하면서 감회가 일었다. 산 뒤쪽으로 가보니 공사 중인 흔적이 있고 산이 파괴되어 있는데 맥이 끊어지고 반 이상이 파괴되어 있었다. 또 산 아래에는 큰 웅덩이의 호수가 있었다. 같이 간 복단대 역사지리학 박사인 왕교수의 의견에 의하면 이전에는 웅덩이가 아니라 물이 흘러가던 곳이어서 배를 타고 이동하였을 것이라고 한다. 그렇다면 공자와 제자 일행은 배를 타고 이동하다가 비를 만나(폭우인듯) 이곳에서 잠시 비를 피한 것이 된다.

　여기서 잠시 여담 하나.

　원래 나는 평소 사진 찍기를 싫어한다. 그래서 이번에도 공자환향사 까지는 유적지 사진만 찍고 나 자신을 찍지는 않았다. 그런데 북경 친구와 통화하다가 나의 사진을 찍지 않는다고 하자 그렇다면 내가 그곳에 간 흔적이 남지 않는다고 하면서 내가 들어간 사진을 찍어 남기기를 종용하였다. 이에 이번 부자동에서부터 처음으로 내가 들어간 사진을 찍고 이후 가는 유적지마다 한두 장씩은 꼭 사진을 찍어 증거(?)를 남겼다.

7. 정鄭나라에서

　정나라는 서주 시기 선왕宣王의 동생인 정나라 환공桓公이 분봉받은 나라이다. 초기에는 지금의 섬서성 화현化縣을 도읍지로 삼았고, 서주 말엽에는 동쪽으로 천도하였으며, 정나라 무공武公 때에는 도읍지를 신정新鄭(지금의 하남성 신정현)으로 정하였다.

정나라에서는 '상가지구喪家之狗'로 유명한 정한고성 동문을 탐방하였다.

1) 정한고성 鄭韓古城 동문 東門

<정한고성 동문(공자가 정나라에서 '상가지구'라고 평가받았던 곳)>

공자가 정나라에 있는데 제자들과 서로 길이 어긋나서 홀로 성곽의 동문에 서 있었다. 뒤에 정나라 사람 누군가가 자공에게 말하였다.

"동문에 어떤 사람이 있는데 그 이마는 요임금과 닮았고, 그 목덜미는 고요와 닮았고, 그 어깨는 자산과 닮았소. 그러나 허리 이하는 우임금보다 3촌이 짧으며, 풀죽은 모습은 마치 상가의 개와 같았습니다."

자공은 이 말을 그대로 공자에게 고하였다. 공자는 흔쾌히 웃으며 말하였다.

"한 사람의 모습이 어떠냐 하는 것은 그리 중요한 것이 아니다. 그런데 '상갓집 개喪家之狗'와 같다고 하였는데, 그것은 정말 그랬었지! 그랬었구말구!"(『사기』「공자세가」)

'정한고성 동문'은 공자가 정나라에서 제자들과 헤어져 길을 잃고 서있던 곳으로 여기서 '상가지구'라는 평을 들었다.('상喪'자를 '초상날 상'으로 해석하여 '초상집 개'라고도 하고, '잃을 상'으로 보아 또는 '집 잃은 개'라고도 한다.)

하남성 답사 마지막 전날 저녁에 신정에 도착하여 정한고성 동문을 찾아가 둘러보고 다음 날 아침 일찍(7시 30분)에 다시 정한고성 동문을 방문하였다. 지금은 동문은 없어지고 그 자리에 왕복 4차선 도로가 나 있었다. 성은 흙으로 지어졌으며 오래되어서인지 지난번 폭우로 성 한쪽이 무너져 인부들이 보수 중이었다. 성 위에 올라가 보니 한쪽은 지금은 밭으로 변해있었다. 이에 당시 동문 밖에 서 있었을 공자를 생각하며 성 위와 아래에서 사진을 몇 장 찍고 내려와 보니 이른 아침인데도 성 바로 옆에 공교롭게도 점치는 사람이 좌판을 벌리고 있다. 정한고성이 이번 공자유적답사 마지막 일정인데다가 호기심도 있어 망설이다가 호기가 동하여 값도 물어보지 않고 사업운(학문운)으로 점을 쳐 보았다. 60대로 보이는 그는 소강절의 매화역수로 점을 치고 있었는데 세 개의 옛날 동전을 여섯 번 던져서 괘를 얻는 것이었다.(점 내용은?) 끝나고 가격을 물어보니 점괘가 잘 나왔다고(?) 원래는 10원인데 50원을 달라고 한다. 이에 깎을 수 없어 주머니에 있는대로 잔돈을 찾아보니 47원 인가가 있어 다 주었다. 왕 교수는 아까부터 점치는 사람의 육십갑자와 오행에 대한 실력을 확인하고 참견하더니 너무 많이 주었다고 투덜댄다. 하지만 어쩌랴. 내가 마음이 내키는 것을. 이번 공자유적답사의 피날레를 장식한 그야말로 추억(?)이었다.

8. 진陳나라와 채蔡나라에서

　진나라는 국성은 규嬀로서 주나라 무왕이 은나라를 멸망시킨 뒤에 순임금의 후예인 규만이라는 자를 찾아서 진에 봉하고 도읍지를 완구宛丘(지금의 하남성 회양淮陽)으로 정하였다. 채나라는 주나라 무왕이 그의 동생인 숙도叔度를 채에 봉했는데 후에 모반하였다가 유폐되어 죽었으며, 성왕이 다시 그의 아들인 호胡를 채에 봉하여 숙도의 제사를 받들게 했다. 지금의 하남성 상채上蔡 신채현新蔡縣 일대이다.

　공자가 진陳나라에 머문 지 3년, 때마침 진晉과 초나라가 강함을 다투며 서로 차례로 진陳나라를 침범하였고, 오나라가 진陳나라를 침범할 때까지 진陳나라는 항상 침공을 당하였다. 공자가 말하였다. "어찌 돌아가지 않겠는가? 내 고장의 젊은이들은 뜻은 크지만 단지 일을 함에는 소홀함이 있다. 그러나 그들에게는 진취성이 있고 초지를 잊지 않고 있다." 이에 공자는 진나라를 떠났다.(『맹자』「진심하」)

　진나라와 채나라에서는 현가대와 액묘를 답사하였다.

1) 현가대 弦歌臺

　섭공문정처비를 보고 '현가대'를 가기 위해 회양(춘추시대 진나라 서울)에 오니 어느덧 점심 때가 지났다. 그래서 마땅한 음식점을 찾아 보았는데 깔끔한 왕교수가 여기저기 음식점을 기웃거려 보더니 청진교淸眞敎(이슬람교)에서 운영하는 목사림穆斯林(무슬림)반점에 가자고 한다. 그런데 식당에 자리를 잡고 앉으니 왕교수 말이 공자 일행이 진나라와 채나라 사이에서 양식이 떨어졌을 때 먹었던 채소가 있다고 한다. '쿠차이'라고 하는데(혹시 '고채苦菜'가 아닐는지. 왕교수에게 한자를 물어보았으나 자기도 정확한 것은 모르겠다고 하며 내가 제시한 '고채'일 것 같다고 한다.

<현가대(공자가 진나라에서 양식이 떨어졌어도 노래하며 천명을 믿은 곳)>

당시 공자 일행은 정말 어쩔 수 없이 양식이 떨어져 양식 대용으로 괴롭게 먹었을 테니까) 이 채소는 회양 사람만 알며 자기도 원래는 몰랐는데 이전에 이곳에 왔다가 학생 부모에게 특별히 쿠차이를 대접받았다고 한다. 그래서 어느 책에서도 보지도 듣지도 못한 이 정보에 깜짝 놀라 조용히 주인에게 물어보니 있다고 한다. 그것도 한 접시 분량만이.(위완화 10원?) 나중에 알고 보니 쿠차이는 원래 호수 옆에서 자라고 키가 크며 한 그루에서 먹을 수 있는 분량은 밑둥인 아래 부분만 먹을 수 있어서 그 양이 극히 적다고 한다. 게다가 지금은 보호 식물이어서 일반인은 먹을 수 없고 소수의 고위 관리들만 먹을 수 있는 귀한 음식이 되었다고 한다. 이미 점심시간이 한참 지난지라 손님도 없는데 주인은 우리를 방으로 안내한다. 먼저 쿠차이가 한 접시 나와서 한 입 먹어보니 파 냄새가 난다. 알고 보니 쿠차이와 파를 같이 익혀 기름으로 조리한 것이었다.

먹기 전 증거를 남기기 위해 방이 어두워 후레쉬를 터뜨려 사진을 찍으려 하니 들키면 안된다고 왕교수가 출입구를 막아선 가운데 사진 몇 장을 무사히 찍을 수 있었다. 쿠차이는 파와 구별하지 못할 정도로 외양이 파와 비슷하게 생겼다. 그래서 자세히 살펴보니 파는 연한 연두색이 나고 쿠차이는 온통 흰색인 점이 달랐다. 그러나 하얀 부분은 두 채소가 거의 구별할 수 없을 정도로 흡사하여 먹어보아야 만이 맛이 확연히 차이가 있었다. 파는 당연히 파 냄새가 나니까. 쿠차이는 그야말로 아무 맛이 없었다. 마치 무를 씹고있는 것처럼 느껴졌다. 그러나 나에게는 당시 공자 일행의 고난을 생각해서인지는 몰라도 그런대로 먹을만 했다. 이에 평소에도 먹지 않는 파는 당연히 먹지 않고 쿠차이만 골라 먹어 한 접시를 비우고 더 시키니 없다고 하면서 밖에 나가서 절대로 여기서 먹었다는 말을 하지말라고 신신당부한다. 나중에 천가대에 갔을 때 입구에서 좌판을 벌리고 기념품 파는 아주머니에게 살짝 쿠차이를 살 수 있냐고 하니 조금 있다고 하는 대답을 들었다. 아마 몰래 조금씩 채취하는 모양이었다. 현가대를 빠져 나오는데 왕교수가 호수 주변에 자라는 쿠차이 풀을 가리켜 살펴보니 마치 갈대 비슷하게 키가 큰 것들이 호수 주변에 듬성 듬성 퍼져있었다. 그렇지만 무딘 내 눈에는 그저 그 풀이 그 풀처럼 보였다.

쿠차이는 당시 공자와 일행의 고난을 생각하면서 나 혼자 거의 다 먹다시피 했다. 왕교수와 기사는 쿠차이에 별 관심이 없었고 맛도 없는 것을 내가 허겁지겁 너무 맛있게 먹자 양보한 모양이다. 너무나 고마워서 음식은 소갈비찜을 주요리로 시켰는데 이전의 다른 음식점에서 나온 것과는 달리 무척 먹음직스럽게 보였다. 그들은 맛있게 먹었지만 나는 차마 소갈비찜에 젓가락을 댈 수 없었다. 당시 공자와 제자들의 그 고난을 상기하면서. 그날 저녁 식사에서도 나는 물론 평소와 달리 지극히 적은 양의 식사만 했다. 그것도 채소만으로…

'현가대'는 '액대厄臺'라고도 한다. 공자가 진나라와 채나라에서 어려움을 당했어도 그치지 않고 노래하며 천명을 믿은 것을 기념하여 세운 건물이다. 현재 옛 진나라 서울인 하남성 회양현 서남 쪽 남우호南隅湖 가운데에 위치하고 있다. 청나라 건륭 48년(1783)에 중수하였다고 한다.

<쿠차이(공자가 양식 대신 먹은 채소)>

회양은 의외로 호수의 도시였다. 호수가 많은 무척 아름다운 도시였다. 교통편이 불편하고 홍보가 덜 되어서 그렇지 숙박시설이나 음식점 등 주변 환경만 제대로 조성해 놓으면 유명 관광지로서도 손색이 없다고 한다. 현가대는 호수 바로 옆에 있으며 앞쪽에서는 광장을 조성하느라 대규모 공사 중이었다. 의외로 규모도 작았고 초라했다.

현가대를 간단히 보고 공자가 일찍이 머무른 적이 있는 진나라 대부 사성정자를 기념하는 '사성정자각'이 현가대 바로 근처에 있다 하여 찾아갔으나 길 곳곳에 물이 많아 바로 지척인데도 도저히 들어갈 수 없었다. 빙 돌아가면 된다고 하여 반대편으로 돌아갔으나 또다시 들어갈 수 없었다. 이곳을 다니려면 장화(?)를 신어야 한다고 한다. 무심코 지나쳤지만 그 말을 듣고 오가는 주민들을 자세히 살펴보니 한결같이 장화를 신고 다니는게 아닌가! 결국 차는 물론 사람도 갈 수 없는데다가 원래 일정에 포함된 중요한 유적이 아니어서 사성정자각 바로 앞에서 가기를 포기하여야 했다.(사성정자각은 독립된 건물이 아니라 다른 건물의 부속건물로 자리잡고 있다고 한다) 지금 와서 생각하니 멀리서 사진이라도 찍을 것을... 아쉽다.

2) 액묘 厄廟

회양에서 현가대를 보고 상채로 오는데 정말 엄청 고생했다. 기사가 고속도로 출구를 잘못 나와 헤매지를 않나 심지어는 고속도로에서 역주행하는 사태까지 벌어지기도 했다. 나중에 알고 보니 결과적으로는 액묘를 빠르게 찾은 셈이 되었다. 우리가 처음 예상했던 경로는 현청縣廳에서 찾아가는 것이었는데 이 거리가 또한 30분에서 1시간 걸리는 거리였기 때문이다. 지름길로 가기는 하였지만 도로 사정이 말이 아니다. 그야말로 난장판이다. 도로 곳곳에 폭우로 인하여 작지 않은 물웅덩이가 많이 생겨 돌아서 가는 경우가 허다했으며, 도로가 막힌 곳도 많아 과연 오늘 안에 제대로 액묘까지 갈 수 있을까 의문이 들기도 했다. 가만 생각해 보니 그래! 공자와 제자들이 고난을 당한 곳에서 내가 편히 갈 수야 있겠는가. 일부러라도 어렵게 가야하는데 지금의 이 고난은 2500년 후의 나로 하여금 당시의 진나라와 채나라에서의 공자의 고난을 재현하여 조금이라도 체험하게 하는 하늘의 배려가 아니겠는가?

<액묘(공자가 진나라와 채나라 사이에서 고난을 당한
것을 기념하여 지은 사당의 나무)>

공자가 채나라로 옮긴지 3년이 되던 해에 초나라에서는 공자가 진나라와 채나라의 중간지역에 있다는 말을 듣고 사람을 보내어 공자를 초빙하였다. 공자가 가서 예를 갖추려고 하자 진나라와 채나라의 대부들이 공자가 초나라에 등용되면 자신들은 모두 위험해질 것이라고 생각하여 이에 각각 군대를 보내어 들판에서 공자를 포위하였다. 그래서 공자는 초나라로 가지 못하고 식량마저 떨어졌고 따르는 제자들은 굶고 병들어 잘 일어서지도 못하였다. 그러나 공자는 조금도 흐트러짐이 없이 강의도 하고 책도 낭송하고 거문고도 타면서 지냈다.

자로가 불평하면서 공자를 보고 말했다.

"군자도 또한 곤궁할 때가 있습니까?"

공자: "군자는 본래 곤궁하기 마련이다. 소인은 곤궁하면 별짓을 다한다."(『논어』「위령공」)

당시에 공자는 제자들이 마음이 상해 있다는 것을 알고서 곧 자로를 불러서 물었다.

공자: "『시』에 이르기를 '코뿔소도 아니고 호랑이도 아닌 것이 광야에서 헤매고 있다.'라고 하였는데, 나의 도에 무슨 잘못이라도 있단 말이냐? 우리가 왜 여기서 곤란을 당해야 한다는 말이냐?"

자로: "아마도 우리가 어질지 못하기 때문이 아니겠습니까? 그래서 사람들이 우리를 믿지 못하는 게지요. 아마도 우리가 지혜롭지 못하기 때문이 아니겠습니까? 그래서 사람들이 우리를 놓아주지 않는 게지요."

공자: "그럴 리는 없을 것이다. 중유야, 만약에 어진 사람이 반드시 남의 신임을 얻는다면 어째서 백이와 숙제가 수양산에서 굶어 죽었겠느냐? 또 만약에 지혜로운 사람이 반드시 장애 없이 실행할 수 있다면 어찌 왕자 비간이 심장을 해부당하였겠느냐?"

자로가 나가자 자공이 들어와 공자를 뵈었다. 공자가 자공에게 자로와 같은 질문을 하였다.

자공: "선생님의 도가 지극히 크기 때문에 천하의 그 어느 국가에서도 선생님을 받아들이지 못합니다. 선생님께서는 어째서 자신의 도를 약간 낮추지 않으십니까?"

공자: "사야, 훌륭한 농부가 비록 씨 뿌리기에 능하다고 해서 반드시 곡식을 잘 수확하는 것은 아니고, 훌륭한 장인이 비록 정교한 솜씨를 가졌을지라도 반드시 사용자를 만족시키는 것은 아니다. 군자가 그 도를 닦아서 기강을 세우고 잘 다스릴 수는 있겠지만 반드시 세상에 수용되는 것은 아니다. 지금 너는 너의 도는 닦지 않고서 스스로의 도를 낮추어서까지 남에게 수용되기를 바라고 있다. 사야, 너의 뜻이 원대하지 못하구나."

자공이 나가고 안회가 들어와서 공자를 뵈었다. 공자가 안회에게 자공과 같은 질문을 하였다.

안회: "선생님의 도가 지극히 크기 때문에 천하의 그 어느 국가에서도 선생님을 받아들이지 못합니다. 비록 그렇기는 하지만 선생님께서는 선생님의 도를 추진시키고 계십니다. 그러니 그들이 받아들이지 않는다고 해서 무슨 걱정이 있겠습니까? 받아들여지지 않은 연후에 더욱 군자의 참모습이 드러나는 것입니다. 무릇 도를 닦지 않는 것은 우리의 치욕입니다. 그리고 무릇 도가 잘 닦여진 인재를 등용하지 않는다는 것은 나라를 가진 자의 수치입니다. 그러니 받아들여지지 않는다고 해서 무슨 걱정이 되겠습니까? 받아들여지지 않은 연후에 더욱더 군자의 참모습이 드러날 것입니다."

공자는 기뻐서 웃으며 말하였다. "그렇던가, 안씨 집안의 자제여! 자네가 만약 큰 부자가 되면 나는 자네의 재무 관리자가 되겠네."(『사기』「공자세가」)

그래서 자공을 초나라에 보냈다. 초 소왕이 군대를 보내 공자를 보호하고 맞이하자 공자는 곤궁에서 벗어날 수 있었다.

'액묘'는 공자가 진나라와 채나라의 사이에서 양식이 7일간 떨어진 곳에 세운 건물이다. 지금은 상채현上蔡縣 동쪽 30키로 채구진蔡溝鎭

에 있다. 채구진초중학교 건물 입구를 들어가서 오른 쪽에 있다. 원래는 사당이 있었다고 하나 다른 건물은 흔적도 없이 사라지고 오로지 거대한 은행나무 한 그루만이 서 있을 뿐이었다.(안에는 아무 것도 없는 판자집 같은 창고처럼 쓰이는 건물이 있기는 하다) 이 나무를 현지인들은 백과수白果樹라고 불렀다.(공자가 직접 심었다고 전한다) 바로 옆에는 3층 짜리 낡은 서민아파트가 자리하고 있었다. 지금의 나무는 원래의 나무가 아닌 세 번째 나무, 그러니까 손자뻘 되는 나무이다. '섭공문정처비'의 은행나무처럼 과연 수령이 천년은 족히 넘어보였다. 나무를 잘 살펴보니 신기하게도 이전에 죽은 나무를 새로운 나무가 감싸듯이 하고 있다. 즉 두 번째 나무(아들 뻘 나무)가 지금 나무(손자뻘 나무) 속에 자리잡고 있는 것이다.

9. 초楚나라에서

초 소왕昭王(?- B.C. 489)이 장차 서사書社의 땅 700리로 공자를 봉하려고 하였으나 재상 자서子西가 "지금 공자가 근거할 땅을 얻고 저렇게 많은 현명한 제자들이(자공, 안회, 자로, 재여) 그를 보좌한다면 이것은 우리 초나라에 설고 좋은 일이 못될 것이라"고 반대하였다. 소왕은 이 말을 듣고 본래의 계획을 취소하였다.

초나라에서는 섭공문정처비, 자로문진처비, 부함을 답사하였다.

1) 섭공문정처비 葉公問政處碑

당시 초나라의 섭공(이름은 심제량)은 왕이라 참칭하고 있었다. 『논어』에서 섭공과 관련된 부분을 보도록 하자.

<섭공문정처비(초나라 섭공이 공자에게 정치를 물은 곳에 세운 비석)>

공자는 채나라에서 섭으로 갔다. 섭공이 공자에게 정치를 묻자, 공자는,

"가까운 곳에 있는 자는 기뻐하고 먼 곳에 있는 자는 오게 하는 것입니다."(『논어』「자로」)

하였다. 또 어느 날 섭공이 공자에게 "우리 고을에 정직한 궁躬이라는 자가 있는데 그 아버지가 양을 훔치자 자식이 증거하였습니다."라고 하자 공자는,

"우리 고을의 정직한 자는 이와 다릅니다. 아비는 아들을 위하여 숨기며 아들은 아비를 위하여 숨겨주니 정직함이 그 가운데 있습니다."(『논어』「자로」)

라고 대답하였다.

'섭공문정처비'는 초나라 섭공이 공자에게 정치를 물은 곳에 세운 비석이다. 현재는 하남성 섭현 남쪽 15키로에 소재하고 있다. 물어물어 찾아가 보니 한나라 광무제光武帝 유수劉秀를 모신 퇴락한 사당 안쪽 수풀 속에 비석 윗부분은 없어지고 하부만이 남겨진 채로 방치되어 쓰러져 있다. 원래는 '섭공문정처비'였으나 윗 부분은 떨어져 나가고 하단인 '정처비政處碑'만 겨우 남아있는 것이다. 바로 옆에는 중화민국 36년(1947)에 섭현 현장이 쓴 큰 글자의 '문정문問政門'이 역시 풀숲에 방치되어 있다. 관리인에게 나처럼 이곳을 찾는 이가 있는가 하고 물어보니 간혹 있다고 한다. 이 먼 벽지까지 그래도 공자의 발자취를 좇는 나 같은 사람이 또 있나 보다. 비석 옆에는 이곳 사당이 무척 오래되었음을 증명이라도 하듯이 은행나무 두 그루가 위용을 자랑하며 해동의 유생을 내려다보고 있다. 수령이 천년은 족히 되었다고 한다.

2) 자로문진처비 子路問津處碑

2차 공자유적답사를 시작하여 전반부인 산동성 지역을 끝내고 후반부인 하남성 지역의 일정을 짜는데 나는 나산羅山에 소재한 '자로문진치비'의 초니리 유적지를 제시하였다. 그러나 여행사에서 지금 그곳에 비가 많이 와서 도로가 봉쇄되어 답사를 갈 수 없다고 하면서 일정 경로에서 제외해 줄 것을 요구하였다. 그런데 나의 경우는 대부분 처음 가는 곳이어서 다른 유적지도 의미있는 곳이지만 특히 '자로문진처비'는 매우 의미있는 곳이었다. '나루터를 묻는다는 것'은 바로 진리를 묻는 것이 아닌가? 이에 나는 이곳이 빠지면 사실 이번 하남성 답사는 의의가 없다고 하면서 그곳에 가서 도저히 갈 수 없으면 돌아오는 한이 있더라도 가자고 우겼다. 이에 여기저기 알아보니 실제로

도로까지 봉쇄된 것 같지는 않았으며, 다만 장마철인데다가 비가 무척 많이 와 도로 사정이 그야말로 난장판이었다. 또한 추측컨대 그곳을 가면 아무래도 승용차에 손상이 있을 것을 우려한 여행사의 모종의 음모(?)였던 것 같다.

<자로문진처비(자로가 은자에게 나루터를 물은 곳에 세운 비석)>

초나라는 남방이어서 그런지 특히 도가류道家類의 은자들과의 만남이 많다. 이를 소개한다.

자로가 따라가다가 뒤쳐져 장인을 만났는데 막대기에 삼태기를 메고 있었다.
자로가 묻기를 "그대는 선생님을 보았습니까?"
장인: "사체四體를 부지런히 놀리지 않으며 오곡을 구분하지 못하니 누가 선생님이오?"
(그러고는) 그의 막대기를 세워두고 김을 매었다. 자로가 손을 맞잡고 서

있었더니 자로를 머물게 하여 자게 하고 닭을 잡으며 기장밥을 지어 먹게 하고 그의 두 아들을 만나보게 했다.

다음 날 자로가 가서 알리니 공자가 말하기를 "은자이다."하고 자로를 시켜 돌아가 만나보게 하였는데 가보니 (이미) 떠나고 없었다.

자로: "벼슬하지 않는 것은 의리가 없는 것이다. 장유의 절차를 그만둘 수 없는데 군신의 의리를 어떻게 그만두겠는가? 그 자신을 깨끗이 하고자 하여 큰 윤리를 어지럽히는 것이다. 군자가 벼슬하는 것은 그 의리를 행하는 것이니 도가 행해지지 못할 것은 이미 알고 있다."(『논어』「미자」)

초나라의 광인 접여가 노래 부르며 공자를 지나가다 말하기를,

"봉이여, 봉이여!
어찌 (그리) 덕이 쇠하였는가?
지나간 것은 간할 수 없지만
오는 것은 오히려 추구할 수 있네.
그만두어라, 그만두어라!
지금 정사에 종사하는 자는 위태로우니!"

공자가 (수레에서) 내려 그와 함께 말하고자 하였으나 빠른 걸음으로 피하여 함께 말하지 못하였다.(『논어』「미자」)

춘추시대 때 초나라 경내인 부함(현 지명 신양信陽)땅 경내에 들어오니 다른 곳과 달리 무엇 때문인지는 알 수 없지만 한히고 아늑하고 포근하여 부드러운 분위기가 무척 기분이 좋았다.

'자로문진처비'는 공자가 자로에게 당시의 은자인 장저와 걸닉에게 나루터를 묻게 한 곳에 세운 비석이다. 현재는 하남성 나산현羅山縣 서남쪽 25키로 자로산子路山 북쪽에 있다.

이에 관한 일화를 보자. 공자가 섭을 떠나 채나라로 돌아오는 도중에 장저와 걸익이 나란히 밭을 가는 것을 보았다. 공자는 그 사람들이

은자라고 생각하여 자로를 시켜 그들에게 나루터로 가는 길을 물어보도록 하였다.

 장저: "저 수레에 고삐를 잡고 있는 자는 누구요?"
 자로: "공구입니다."
 장저: "이가 노나라 공구입니까?"
 자로: "그렇습니다."
 장저: "이 사람은 나루터를 알 것입니다."
 걸익에게 물으니,
 걸익: "그대는 누구요?"
 자로: "중유입니다."
 걸익: "이는 노나라 공구의 무리인가?"
 자로: "그렇습니다."
 걸익: "(물이) 도도하게 흘러가는 것이 천하가 모두 이런데 누가 바꿀 수 있겠는가? 또 그대는 사람을 피하는 선비를 따르기보다는 어찌 세상을 피하는 선비를 따르는 것만 하겠소?"
 (그러면서) 씨앗 덮기를 그치지 않았다.
 자로가 가서 알리니 공자가 실망하여 말하기를 "새와 짐승과는 함께 무리지어 살 수 없으니 내가 이 사람의 무리와 함께하지 않고 누구와 함께 하겠는가? 천하에 도가 있으면 내가 바꾸려고 하지 않을 것이다."(『논어』「미자」)

내가 확인한 바로는 '자로문진처비'는 훼손이 심하여 지금은 박물관에 보관되어 있는 것으로 알고 있어 비석에 대해서는 기대하지 않았다.('자로문진처비'를 소개한 책의 도판에서도 비석이 훼손되어 있었다) 실제로 중요한 것은 장소와 느낌이니까. 가보니 의외로 최근에 세운듯한 비석이 세워져 있었다. 원래는 작은 냇물이었으나 최근(2000년도)에 도로공사로 원래의 냇물을 막아 가로질러 국도(다리)로 만들어 놓았고 비석은 바로 그 옆 국도에 세워져 있었다. 당시의 상황을 생각하며 배회하니 아주 포근하고 편안한 느낌이 들었다.

그때 갑자기 여러 발의 총 쏘는 소리가 들려 가까운 곳에 군사격장이 있는 줄 알았는데 가만히 들어보니 폭죽이 터지는 것이었다. 멀리 숲 건너편에서 터지는데 내가 지금까지 중국을 다니면서 들은 폭죽과는 그 소리와 규모에 있어 전혀 달랐다. 마치 대포소리와 같은 지금까지 들은 소리 중 가장 큰 소리였다. 하늘도 맑은 여름 12시경인 한낮인데도 하늘에 불꽃으로 그려진 형상까지도 선명하게 보일 정도였다. 이에 여러 장 사진을 찍고 어쩐 일이냐고 같이 온 기사에게 물어보니 별 반응이 없고 어떤 일 때문인지는 분명하지 않다고 하면서 결혼식 같다고 한다(혹시 음력으로 좋은 날?) 한참 터진 뒤에 조금 있다가 그 옆에서 또다시 폭죽이 터졌는데 그 규모와 웅장한 소리로 보아 폭죽이 아닌 축포가 울려 퍼진 것으로 보였다.

어렵게 찾은 공자가 자로에게 나루터를 묻게 한 곳! 이곳에 오지 않았으면 나의 이번 공자유적답사는 그 빛이 상당히 퇴색되었을 것이다. 역시 문은 두드리는 자에게는 열리는 법이다.

3) 부함 負函

'부함'은 공자가 머물렀던 초나라 왕성王城 유적지(옛 터)이다. 현재의 정식 명칭은 하남성 신양현 성양향城陽鄕 평교구 마영馬營이다.

이번에도 식당을 찾다가 여러 번 허탕친 뒤에 길가 옆 작은 식당에서 그야말로 소찬에 요기를 하였다. 식당 이름이 '금운반점金運飯店'이어서 왜 금운반점이라고 이름 붙였는지 물어보니 근처에 금운사장金運沙場이라는 모래를 취급하는 회사가 있다고 한다. 이에 나는 '김운金運'은 바로 김씨 성을 가진 사람이 움직인다는 것이니 바로 내가 이곳 부함에 올 것을 미리 알고 이런 이름을 붙인 것이 아닌가라고 설명하여 한바탕 유쾌하게 웃었던 적이 있다. 원래 부함인 이곳의 위치는 맹헌빈 교수의 『주유열국지』에 의하면 장태진長台鎭이라 하였으나 왕교수가 현지인에게 물어본 결과 바로 마영임을 새롭게 알게 되었다.

<초나라 왕성 유적지 부함(공자가 초나라 방문시 머물렀던 곳)>

초나라 왕성유지에 가니 아직 개발 중이어서 일반에게 공개가 되지 않아 다른 유적지와 달리 사무실에서 허락을 맡고 안내에 따라 둘러보아야 했다.(사무실이 경찰서와 한 건물에 있어서 혹시 외국인 출입 금지된 곳이라 문제가 생길까 봐 노심초사하기도 했다) 이에 오후 근무시간까지 한참을 기다리다가 그곳에 근무하는 젊은 남녀 두 명의 안내로 승용차를 타고 묘지 등 이곳저곳을 차에서 내려서 보기도 하고 차를 타고 둘러보았다. 거의 다 보고 혹시나 하여 공자 이야기를 꺼내자 뜻밖에 전해 내려오는 이야기에 공자가 머물렀던 곳이

있다고 하여 안내를 받았다. 그곳은 초국 왕성 중 생활구역에 해당하는 곳으로 왕성 좌측으로 승용차로 한참 시골길을 가서야 나타났다. 현재는 농민들이 생활하고 있는 작은 마을이었는데, 다만 정확한 위치는 모르고 공자가 머물렀던 곳으로 대략 예상되는 장소를 확인하고 둘러보았다. 이에 대략 짐작되는 곳에서 도로를 중심으로 그 주변 작은 호수까지 사진 몇 장 찍는 것으로 만족해야 했다. 그들의 이야기에 의하면 지금까지 이곳을 찾아온 사람은 유일하게 우씨于氏 성을 가진 대만학자 한 사람 뿐이었다고 한다. 그는 자신의 저서까지 기증하였다고 했으나 그곳에 소장되어있지 않아 그의 이름까지는 확인하지는 못했다. 금번 답사에서 공자에 관한 새로운 유적지를 하나 더 발견한 셈이어서 지금까지 뙤약볕 아래 노심초사하고 동분서주한 보람을 느꼈다.

제 3 장

공자의 시대, 함께한 사람들

1. 공자의 스승

예부터 "성인에게는 일정한 스승이 없다."(聖人無常師)라고 하였다. 그래서 그런지 공자에게는 뚜렷하게 드러나는 스승은 없다. 실로 공자는 천지만물을 스승으로 삼아 배웠던 것이다. 다만 그런 가운데서도 눈에 띄는 스승으로는 주공周公과 노자老子를 들 수 있다. 주공은 공자가 직접 만나서 배운 적은 없지만 늘 마음속에 그리워하고 또한 대화하였던 정신적인 스승으로 『논어』에 등장한다. 또한 노자는 마치 우리나라의 율곡이 퇴계를 찾아가 가르침을 받았듯이 공자가 당시 주나라 수도이던 낙양으로 직접 찾아가 가르침을 받았다.

공자의 스승과 관련된 유적지로 주공묘와 노자와 관련된 함곡관, 태초궁을 답사하였다.

1) 주공묘 周公廟

주공은 문왕의 아들이며, 주나라를 세운 무왕의 동생이다. 공자는 직접 주공을 만날 수는 없었지만 늘 존경하고 그리워하며 가르침을 받는 정신적인 스승이었다. 심지어는 꿈에서까지도 가르침을 받은 것을 공자의 회고를 통해 알 수 있다.("심하구나 나의 노쇠함이여! 오래되었구나, 내가 다시 꿈에서 주공을 뵙지 못한 것이!"(『논어』「술이」)

<주공묘(주공을 모신 사당) 내부>

공자에게는 주공과 노자를 제외하고는 스승의 존재로서 두드러지게 눈에 띄는 인물이 없고 누구에게나 배우려는 자세를 가졌다. 그래서 "아랫 사람에게 물어보기를 부끄러워하지 않는다."(『논어』「공야장」)라는 말까지 하여 지위 고하와 남녀노소를 막론하고 심지어는 천지만물까지도 모두가 공자가 배우고 익힌 스승이었던 것이다. 어린 아이인 항탁에게도 배웠고, 악사인 사양자에게서는 거문고를 배우기도 하였다. 그런 가운데 주공은 비록 당세에 직접 만나서 가르침을 받을 수는 없었지만 공자의 영원한 이상적인 인간상이었다.

'주공묘'는 곡부성 바깥 동북쪽 500미터 높은 언덕에 자리잡고 있다. 태묘太廟라고도 한다. 고대 제왕이 일찍이 주공을 원성으로 봉하여

'원성묘元聖廟'라고도 불린다.

　주공묘는 조카인 성왕成王을 도와 주나라의 초석을 놓은 주공을 모시는 사당이다. 공자의 사당에서 그리 멀지 않은 곳에 있고 관광객이 무척이나 많은 여름이지만 찾는 이 없이 적막감만 감돌고 있다. 공자 유적지에 비해 보수도 전혀 안되어 있다. 그 점이 오히려 나에게는 그나마 옛 모습을 볼 수 있어 친근감이 가지만... 관리인에게 물어보니 내가 오늘 처음 온 방문객이라 한다. 평균적으로 한 달에 3,4명 정도 방문하는데 어제는 뜻하지 않게 중국인 단체 방문객이 수십 명 참배했다는 소식을 전한다.

　나중에 공자연구원에서 구입한『대재공자大哉孔子』책에서 공자가 태묘(주공묘)에 들어가 모든 일을 물어보았다는 고사의 옛터가 남아있다는 것을 알았다. 일정이 바빠 후일을 기약하였지만 못내 아쉬웠다. 중국인 가이드에게 물어보니 그 옛 터는 남아있지 않을 것이라고 하는데 정확한 것은 다음에 방문할 때 확인하여 보아야 하겠다. 실제로 공자연구원 전시실과『대재공자』에 수록되어 있는 사진들은 수 십년 전에 찍은 것도 있어 현재의 도시 개발 속도에 비추어 볼 때 공자와 직접적으로 관계있는 것을 제외하고는 남아있는 것은 거의 없는 것으로 보인다. 예를 들어 안회의 부친 안로와 안회의 묘를 비롯한 안회 집안의 가족묘인 안림顔林이 현재는 도로 건설 등으로 흔적도 없이 사라져 버렸다. 비록 안회 사당의 본전이 대규모로 중수되고 있기는 하지만. 또한 곡부에 있는 제자들 묘(유자有子묘 등)는 도시 개발로 파괴되어 현재 한 곳도 그 소재를 파악할 수 없다.

2) 노자의 함곡관 函谷關과 태초궁 太初宮

<태초궁(노자를 모신 사당)>

'함곡관'은 골짜기에 있어 깊고 험하기가 마치 상자(函)와 같아 함곡관이라 부른다. 옛부터 "한 사람이 가로막고 있으면 만 사람도 이길 수 없다."(一夫當關, 萬夫莫克)는 곳이다. 함곡관은 고대 중국에서 중요한 관문(동쪽으로는 낙양 서쪽으로는 서안에 도달하는 목구멍과 같은 곳이다)의 하나로 철옹성 같은 요새지로도 널리 알려져 있지만 노자와도 관계가 깊은 곳이다.

노자는 당시 주나라 서울인 낙양에서 주나라의 왕실 도서관장을 지내고 있었는데 세상이 어지러워지자 은거할 뜻을 품고 서쪽으로 가고자 함곡관으로 왔다. 이때 함곡관을 지키는 윤희尹喜란 사람은 점술에 능했는데 망기望氣(기운을 봄)하자 하늘에 상서로운 기운이 있어 현인이 올 것으로 짐작했다. 과연 그 밑에 노자가 푸른 소를 타고 함곡관으로 오자 윤희는 간청하여 자기 집에 머무르게 했고 그곳을 떠나기 전에 저술을 남겨줄 것을 종용하여 노자가 집필한 것이 바로 그 유명한 『노자』(『도덕경道德經』이라고도 불림)이다.

　나는 오래 전부터 함곡관은 노자가 윤희에게 『도덕경』을 지어주고 푸른 소를 타고 서쪽으로 떠난 곳으로 잘 알고 있었다. 그래서 언젠가 한번 함곡관에 가고는 싶었지만 위치도 잘 모르고 너무 먼 곳이라 생각되어 감히 생각을 내지 못했다.(춘추시대 당시만 생각하여 무척 먼 변경 지방으로 생각했었다) 게다가 함곡관을 다녀 온 선배의 말을 들으니 서안에서 서너 시간을 가야 한다는 것이다.(당시에 나는 서안에서 서쪽으로 서너 시간이 걸리는 줄 잘못 생각했었다. 실제로는 동쪽으로 서너 시간 걸리는 곳인데 말이다) 이에 당분간은 갈 생각을 내지 못하고 있었다. 또 여러 종류의 중국 지도를 아무리 살펴봐도 함곡관이란 지명은 보이지 않는다. 그래서 거의 포기하고 있었는데 우연히 지난 번 하남성 답사 때 중국인 기사에게 받은 고속도로가 표시된 중국 지도를 보다가 보니 삼문협 근처에 함곡관이 표기되어 있었다. (그전에 많은 지도를 보았지만 함곡관이 표기된 경우는 없었다) 이에 관련 자료를 자세히 찾아보니 삼문협 근처의 영보靈寶라는 곳에 바로 함곡관이 있어 2차 공자유적 답사에서 찾아보게 되었다.

　현재 함곡관은 하남성의 성도 정주鄭州에서 300여키로 떨어져 있는 영보시에 속해 있다. 함곡관으로 가는 도중의 주변 산천 경치는 매우 단조롭다.

　함곡관에서 특히 주의한 곳은 '태초궁太初宮'이다.(태초는 도교에서 천지가 최초로 형성한 원기元氣, 혹은 최초로 형성한 상태를 가리킨다) 이곳은 노자를 모신 사당으로서 바로 노자가 머물던 집터라고 한다.(원래는 윤희 집) 이 건물만 오래된 것이고 다른 건물은 모두 최근에 축조된 것이다. 사당에는 노자가 『도덕경』을 집필하는 형상의 조각상이 있는바 여느 다른 유가의 성현을 모신 사당에서 홀笏을 들고 가만히 앉아있는 모습과는 상당히 대조적이다. 우선 유가 성현의 사당에서의 소상은 정적인바, 노자 소상은 『도덕경』을 집필 중인 모습이어서 매우 역동적이다. 그리고 유가 성현의 소상에서는 특별한 어떤 느낌이 들지 않았는데 비해 이곳 노자의 소상에서는 범키 어려운 강한 느낌이 풍겨 나온다.(그래서 결국 사진을 찍지 않았다)

특이한 것으로는 태초궁 바로 옆에 영석靈石이라는 돌이 있다.(정면에서 보았을 때 왼쪽) 이 돌은 노자가 『도덕경』을 집필할 때 책상으로 사용했다는 돌로서 검은 색과 황토색이 섞여있는 총 9층으로 이루어져 있는 일종의 운석이다.(9층을 확인하기가 쉽지 않다) 주변에는 아무런 접근 금지 등의 팻말이나 보호하는 울타리 같은 것이 없어 누구나 만져볼 수 있다. 안내판에 의하면 이 돌을 만지면서 자기의 소원을 빌면 소원이 이루어진다고 한다. 나도 소원을 빌었다. 왼손으로 영석을 문지르면서 돌 전체를 한 바퀴 돌고, 오른 손으로 문지르면서 한 바퀴를 돌아보았다. 손대고 호흡하면서 느껴보니 어떤 힘이 느껴진다. 영석 옆에 있으며 떠나길 주저하며 배회하니 갑자기 회오리 바람이 불고, 태초궁 옆의 나무가 한동안 세차게 흔들렸다.

다음으로 가본 곳은 '함곡관'이다. 함곡관(신건물) 입구에는 다른 곳과는 달리 이름을 알 수 없는 하얀 새들의 무리가 여기저기 모여 있다. 전면에 거창하게 만들어진 누각은 최근에 축조한 것이고 실제의 함곡관 고도古道는 안쪽으로 100여 미터 이상 들어가야 있다. 주변에는 대추나무가 무성하며 벌써 열매를 맺은 것도 있어 맛볼 수 있었다. 또한 좌측에 거대한 동굴도 여러 개 보이는데 이곳은 이전에 사람들이 거주하였던 장소라고 하니 일종의 혈거생활인 셈이다.

<함곡관 고도(도로에서 내려다 본 모습)>

함곡관은 도회지에서 무척 먼 곳이고 외진 곳이어서 그런지 방문객도 거의 없었다. 내가 갔을 때도 태초궁에서 유일하게 부부와 아들, 딸 일가족만 보았을 뿐이다. 함곡관의 검표하는 곳에서는 근무하는 사람들이 마작과 화투 등을 하고 있었으며, 심지어 박물관은 정문은 닫혀있고 옆 건물의 의류지원실에 가서 요청하여야 겨우 박물관 2층의 문을 열고 보았을 뿐이다. 박물관 내부는 자주 사용하지 않아 공기가 매우 탁했으며 곰팡이 냄새도 심해서 제대로 유물을 볼 수 없었다. 아래층은 중국 각 시대의 대표적인 시인들의 시를 최근에 나무에 판각하여 놓아 격에 어울리지 않았다.

노자는 출세를 위한 노력도, 뜻을 펴기 위한 노력도 없는 것처럼 보였으나 사실상 가장 인간의 마음 속 깊은 곳에 있는 본성에 영향을 주는 많은 선계의 향기를 남겼으니 이러한 자욱이 『도덕경』이란 책으로 후세에 남아있는 것이다. 인간이 가장 힘겨울 때 찾고자 하는 것이 바로 본래의 자신이며 본래의 자신을 찾아 들어감에 필요한 방법을 알고자 함 역시 본성으로의 회귀본능을 말해주는 것인바 노자는 다른 선인들과 달리 이 부분을 직접적으로 적시함으로써 후인들에게 많은 도움을 주었다. 도와 덕은 원래 둘이 아닌 하나로서 다만 설명이 다를 뿐인 것이다. 도는 사람이 가야 할 길이요, 덕은 길을 가면서 갖추어야 할 행동지침이니 그것이 따로가 될 수 없는 것이다.

2. 공자의 교우

『사기』의 「중니제자열전」에 의하면 공자가 존경한 사람들로는 주나라의 노자, 위나라의 거백옥, 제나라의 안평중, 초나라의 노래자, 정나라의 자산, 노나라의 맹공작 등이 있었다. 자주 칭찬한 사람들로는 장문중, 유하혜, 동제백화, 개산자연이 있었다. 그러나 뒤의 네 사람은 모두 공자보다 앞 시대의 사람들이며 같은 시대의 사람들은 아니었다. 공자와 가까웠던 거백옥의 유적지에 대해 알아보자.

1) 거백옥묘(유지遺趾)

거백옥은 공자가 위나라에 들렀을 때 그의 집에 여러 번 머문 적이 있으며 공자와 교우관계에 있던 인물로서 현인이다. 특히 "나이 쉰 살이 되어서는 사십 구년 동안의 잘못됨을 알았다."(五十而知四十九年之非. 『회남자』「원도훈」)는 명언으로서 유명하다. 나는 평소 그의 이 말을 좋아하였고 더구나 공자와는 친분관계에 있어 공자 관련 유적지를 조사하다가 그의 묘가 광땅에서 그리 멀지 않은 곳에 있어 찾아가기로 하였다.

'거백옥 묘'는 원래는 하남성 장원현 남쪽 4키로 지점에 있었다. 공자 일행이 양호로 오인받아 수난을 당한 광땅은 현재는 공장孔庄이라는 지명으로 바뀌었는데 직접 찾기 어려워 근처 마을에 들어가니 마침 마을 사람들이 한곳에 모여 있길래 물어보았으나 아는 자가 아무도 없다. 그런데 키가 자그마한 70대 중반의 노인이 우리가 대화하는 사이를 지나가는데 웬지 그 노인에게 눈길이 갔다. 그는 잠깐 볼 일을 마치고 돌아와서는 유일하게 자기가 거백옥묘를 안다고 하여 함께 차에 타고 거백옥묘 장소를 인도받았다. 노인의 부인은 우리가 외지인인데다가 노인을 차로 모셔가 안내받는다고 하니 마치 납치당할 위험이라도 있는 듯이 무척이나 걱정하는 말이 많았다.

이에 굳게 안심시켜드리고 거백옥묘를 찾아가 보니 실망스럽게도 문화대혁명 때 파괴되어 지금은 그 흔적조차 찾아볼 수 없었다. 묘자리는 현재 공장이 건설 중이며 오른 쪽은 하천이 흐르고 있었다. 노인의 말에 의하면 거백옥묘(사당 포함)는 그 규모가 무척 컸었다고 한다. 아쉬운 마음에 이곳저곳 사진을 찍었다. 그러면서 그의 또 다른 말 "육십이 되기까지 육십 번 변화하였다."(行年六十而六十化, 『장자』「칙양」)는 말을 떠에서 보았다. 결국 이 세상 모든 것은 변하기 마련이니... 어디 세상에 변하지 않는 것이 있던가. 결국 거백옥의 묘도 마찬가지인 것이라는 생각이 들었다. 우리를 안내한 노인은 전형적인 시골노인이었으며 성을 묻자 '十八子李'라고 한다.(일반적으로 '木子李'라고 함) 안내하는 도중 우리들과 즐겁게 대화하고 꾸밈없이 웃기도 하는 천진난만한 모습을 보여주었다. 그는 또 공장(광땅)이 북공장과 남공장이 있으며 공자와 관련있는 곳은 북공장임을 알려주어 공자의 유적을 제대로 답사할 수 있게 해 준 고마운 분이기도 하다.

3. 공자의 제자

공자의 제자는 3,000명을 헤아렸다고 한다. 물론 한때의 숫자는 아니고 공자가 일생 동안 가르친 제자의 숫자를 상징적으로 표현한 말일 것이나 공자가 30세 전후로 가르치기 시작한 이후 많은 사람들이 공자의 문하를 출입한 것은 사실일 것이다. 그 삼천 제자 가운데 육예 六藝에 달통한 이가 72인이요, 그 중 뛰어난 이가 바로 유명한 공자문하의 열 명의 수제자들로서 일명 '공문십철孔門十哲'로 불리우는 자들이다. 그 열 명의 면면을 보면 덕행에는 안연을 위시하여 민자건 염백우 중궁이요, 언어에는 재아 자공이요, 정사에는 염유 자로요, 문학에는 자유 자하이다.(『논어』, 「선진」에 의함) 다만 후대 학자에 따라서는 증자나 유자, 자장 등이 포함되지 않아 공문십철은 공문의 정설이 아니라고 보기도 한다. 실제로 『논어』에서도 본 문장이 앞 문장과 공자의 말로 연속된 것으로 보는 경우도 있으나 이 장을 별도로 나누어 보는 경우도 있다. 그렇다면 공자나 다른 어느 제자가 말했다고 분명히 기록되어있지 않아 이 말이 과연 누구의 말인지 알 수 없고, 단지 당시 공자문하에 회자되던 말을 『논어』 편찬자가 삽입한 것으로 추측해 볼 수도 있다.

공자의 제자와 관련된 유적지로 안묘, 자로 사당과 묘, 자공묘, 민자건묘, 증자 사당과 묘를 답사하였다.

1) 안묘 顔廟

안회는 공자의 수제자로 성은 안顔, 이름은 회回, 자는 자연子淵으로 안연顔淵이라고도 하며 안자라고도 불린다. 노나라 사람으로 공자보다 30세 연하이다. 부친(안로顔路)과 함께 수학하였으며 공자가 가장 아끼던 제자이다. 29세에 머리털이 하얗게 되고 41세에 세상을 떠났다. 안빈락도安貧樂道한 것으로 유명하다. 공자는 "내가 회를 얻은 뒤부터 문인들이 날로 더욱 친해졌다."고 하였다. 안회는 덕행으로 이름이 났는데 공자는 그의 어진 것을 늘 칭찬했다.

<안묘 누항정(안회가 살던 누항의 우물)>

『논어』를 읽으면서 항상 관심이 가는 사람은 안회이다.(일반적으로 자字인 자연子淵, 안연 보다는 안회로 널리 알려져 있으므로 안회라는 명칭을 사용한다) 왜 그런지 정확한 이유는 알 수 없으나 왠지 모르게 안회에게 끌리는 마음은 어쩔 수 없다. 그가 호학好學하고 안빈

낙도의 대명사이기도 하겠지만 아마도 겉으로 나서지 않고 묵묵히 스승 공자의 언행을 좇아 성인의 길을 실천하고자 한 그 뜻을 존경해서이기도 할 것이다.

『장자』에서의 공자와 안회의 대화에 의하면 안회는 마음의 재계인 '심재心齋'와 나를 잊는 '좌망坐忘'의 경지에 이르렀다고 하는 바 이는 바로 자연과 하나가 되는 것으로 하늘의 뜻에 따라 사는 것이다. 이것을 하늘과 인간이 하나로 합하는 '천인합일天人合一', 우주와 내가 한 몸이라는 '우아일체宇我一體'라고도 표현한다.

안회는 선악도, 호불호도 아닌 중도에 가장 정통하였으며, 감정의 폭이 없어 다른 사람들이 안회가 좋아하는 것인지, 싫어하는 것인지 알지 못하였다. 스승에게도 항시 생각이 나가야 할 방향을 점검하도록 진언함으로써 스승이 채우지 못한 분야를 메울 수 있도록 하였다고 한다.

'안묘'는 안회를 모신 사당으로 복성묘復聖廟라고도 한다. 곡부성 안 누항가陋巷街 북쪽 끝에 있다. 나는 1994년부터 시작해 곡부를 여러 번 갔었고 안묘가 바로 공부 옆에 위치해 있지만 안묘에 대해서는 크게 주의를 기울이지 않았다. 일반적으로 공자나 곡부 소개 책자에 큰 비중으로 다루어지지 않아서 나도 관심을 두지 않았던 것이다. 내가 평소 안회를 지극히 존경하고 닮고자 하면서도 안회 사당을 찾지 않은 것은 이상한 일이다. 생각건대 그의 정신을 배우면 되는 것이지 구태여 남아있는 유적지(특히 무덤도 아닌 사당)까지 방문할 필요성을 못 느꼈던 것이다. 안묘는 2001년에 국학연구소가 주최한 『논어』의 향기를 찾아서' 프로그램의 강사로 초청되어 처음 방문하였다. 찾는 이가 없어 정문에서 대전大殿까지의 길은 적막하였으며 특히 대전 앞은 잡초가 자라서 거의 폐가 수준이었다. 당시에 초빙 강사의 강연을 대전 앞에서 들었는데 덥기도 한데다가 잡초 투성이어서 강연이 어서 빨리 끝났으면 하는 생각이 들기도 할 정도로 공자의 유적지가 잘 정비된 것과는 판이하게 달랐다. 그 뒤 2006년에 방문하였을 때는 마침 대전이 보수 중이어서 두 번째 문까지의 경역만 볼 수 있었는데 퇴색한 단청 등 여전히 찾는 이 없이 적막하였으나 바늘 떨어지는 소리까지도 들릴듯한 그 분위기는 왠지 모르게 좋았던 기억이 난다.

　이번 주유천하 1차 탐방에는 이미 2년이나 흘렀기에 대전 수리 공사가 모두 마무리 되었는 줄 알았으나 아직도 수리 중이었다. 이에 정문 앞에서 3배하고 아쉽지만 누항정을 문틈으로 보는 것으로 만족하여야만 하였다. 안회 사당 안쪽을 보는데 여러 발의 폭죽이 터진다.(바로 옆은 아니고 약간 먼 곳에서) 그리고는 나중에 한 발이 크게 더 터졌다.

　안묘 바로 앞에는 극히 짧고 좁은 누항고리陋巷故里가 있는바 바로 안회가 살았던 곳이다. 100여 미터 정도의 거리 좌우에 중국 서민 주택이 밀집해 있는 그다지 넓지 않은 거리이다. 안묘 옆에 있는 작은 집은 중국인 가이드의 말을 들으니 바로 공부, 맹부와 같은 안부顔府란다. 즉 안회의 후손이 사는 곳이다. 내부 좌측에 주거 공간이 있으며 그 앞에는 다산多産을 상징하는 석류나무가 있다. 건물이 세 채 정도 밖에 있지 않은, 마치 평범한 일반 주택 같은 곳으로 현재는 안자연구회 간판과 전국안씨송진회 산판이 붙어있다. 공부는 물론 맹부에 비해서도 지극히 초라하다. 여기서 중국 역대 조정에서 안회를 어떻게 대우해 왔는지를 넉넉히 짐작할 수 있다.

　주유천하 2차 탐방 때에는 지난 7월에 왔을 때도 안묘를 못 들어갔기에 어떻게 들어갈 수 있는 방법이 없을까 고민하며 안묘 전체 주위를 서너 바퀴 돌면서 들어갈 궁리를 하였다. 지난 번에는 너무나 참배하고 싶은 마음이 간절하여 방법을 찾으려고 안묘 좌측으로 가니 마침 좌측 길 옆 문 밑 공간이 낮은 포복으로 들어가면 괜찮을 정도의 공간이 있어서, 군대 생활 경험을 살려 취중에 그곳으로 밤에 들어가려고 생각까지 하기도 하였다. 하지만 가만 생각해 보니 현인의 사당을 참배하는데 정당하지 않은 방법을 사용하는 것은 도리에 맞지 않을 것으로 생각되고, 주변의 만류도 있어서 단념하였었는데(만약 개구멍으로 무단 침입하여 발각되면 문화재 훼손 등으로 걸릴 수 있고, 가뜩이나 고구려 등 동북공정과 관련하여 한중 양국 사이에 문제가 많은데 현직 대학 동양철학 교수가 불순한 의도로 안묘에 침입하였다고 왜곡 과장해서 광고하면 나는 물론 양국 사이에 심각한 문제가 발생할 수도 있다는 애정어린 충고였다) 또다시 그 문틈을 보니 생각이 난 것이다. 그래서 넘어가기에 쉬운 낮은 담장이 있는가를 찾으려고 살펴보다가 마침 안묘와 담장이 붙어있는 집이 있어 그 담장을 발판으로 하여서는 충분히 넘어갈 수 있을 것으로 보였다. 이에 밤 중에 그곳으로 갈려고 생각도 하였으나 이를 감지한 개에게 봉변을 당할 뻔도 하였다.

 그 날 저녁 화과火鍋(사천 요리로 양고기나 소고기를 매운 국에 익혀 먹는 요리)로 저녁을 먹고 안자묘로 가니 마침 좌측 문이 열려있어 때는 이때다 하고 들어가 보았다. 30대로 보이는 아주머니(나중에 알고 보니 관리인의 부인)와 아들로 보이는 5,6세의 아이가 있어 조금 근처를 둘러보다가 사정 이야기를 하니 안된다고 한다. 얼마 후 그 아주머니의 남편(알고보니 안자묘 관리인)이 오길래 사정을 이야기 하니 뜻밖에도 흔쾌히 수락한다. 이에 그는 헤드라이트를 들고 나와 문 앞에 있던 두 명의 중국인을 데리고 대전 앞까지 안내하였다.(대전으로 통하는 문은 굳게 잠겨져 있었고, 나의 목적은 구태여 대전까지 가지 않아도 되었다) 이에 그 문 앞에서 3배를 하고 드디어 오매불망하던 안자의 사당에 참배를 하게 되었다. 참배를 마치고 밖으로 나오면서 그에게 위안화 100원을 고맙다고 건네니 극구 사양을 하였다. 또한 그와 그의 부인은 금번의 안자묘 참배를 절대 다른 사람에게 발설하지 말라고 신신당부하였다. 이에 참배의 기회를 주어 너무 감사하다고 극구 사례하였다. 참배를 마치고 나오자 안자묘 전면 광장에서는 전통 음악회 연주와 댄스 놀이가 한창 진행 중이었다. 이에 숙원을 이루었으므로 마음의 여유를 가지고 느긋하게 전통 음악 연주회와 댄스 파티를 감상하고 호텔로 귀가하였다.

다음 날 저녁 또다시 안자묘에 가서 배회하다가 문득 밤하늘을 보니 별이 처음에는 하나밖에 보이지 않았다. 그러다가 갑자기 창공에 북두칠성을 비롯한 수많은 별들이 나타나 하늘을 가득 메워 사진을 몇 장 찍고 얼마 안있어 잠깐만에 사라져 버렸다. 또한 안자묘 좌측에서 운무를 헤치고 나타난 달이 너무 멋져 카메라 샤터를 연속해서 몇 번 눌렀다.

〈안묘의 누항 고지(안회가 살던 누항 옛 터)〉

이번에는 안회와 부친 안로의 무덤이 있는 안림(곡부 동쪽)을 참배하고자 하였으나 이미 도시 개발로 사라져 버린 뒤여서 멀리서 쓸쓸히 옛 안림 터를 바라보는 것으로 위안을 삼아야 하였다.

이후 2011년과 2012년, 2017년에 다시 정식으로 안묘를 방문하여 안회의 호학정신을 되새기고 필요한 사진을 촬영하였다.(나의 곡부 방문 회고 참고)

2) 자로 사당과 묘

<자로 사당 입구(중부자사라 되어있다)>

자로는 성은 중仲이요 이름은 유由이다. 자字는 자로子路 또는 계로季路라고도 한다. 공자와 같은 나라인 노魯나라 변卞 땅 출신의 촌사람으로 공자보다 아홉 살 아래이다. 용력이 있고 또 재주가 있었으며 정치하는데도 이름이 났다. 자로는 그 고지식하고 직선적이며

과감한 성격으로 나이에 걸맞지 않게 공자에게서 자주 꾸중을 듣는다. 이에 공자는 자로가 (올바른) 죽음을 얻지 못할듯하다고 말하기도 하였다(『논어』「선진」) 위나라에 벼슬하여 대부가 되었는데, 마침 괴외蒯聵가 그 아들 첩輒과 나라를 놓고 다툴 때 그 난리에 죽었다. 공자는 이를 슬퍼하여 말하기를 "나는 유由가 있는 날로부터 나쁜 소리가 귀에 들어오지 않았다."고 하였다.

자로의 마지막 순간은 2400년이 지난 지금도 그 당시 상황을 생각하면 가슴을 격동시키는 그 무엇이 있다. 자로가 장렬하게 전사하는 장면을 보자.

일찍이 위령공에게는 총애하는 부인이 있었는데 남자南子라고 불렀다. 영공의 태자 괴외는 남자에게 죄를 범하고(어머니인 남자가 행실이 단정하지 못하여 죽이려고 함) 죽음이 두려워서 나라 밖으로 도망쳤다. 영공이 죽자 영공의 부인인 남자는 공자 영을 세우려고 하였다. 그러나 영은 사양하며 "태자는 비록 망명하였지만 그의 아들 첩이 있습니다"라고 하였다. 이에 위나라는 첩을 임금으로 세웠는데 그가 바로 출공出公이다.

출공이 즉위한 지 12년이 되도록 그의 아버지인 괴외는 나라 밖에 살면서 국내로 들어오지 못하였다. 자로는 이 무렵 위나라 대부 공회孔悝의 읍재로 있었다. 괴외는 공회와 난을 일으키기로 하고, 꾀를 내어 공회의 집으로 은밀히 숨어 들어갔다가 드디어 공회의 무리와 함께 출공을 습격하였다. 출공은 결국 노나라로 도망을 가고 괴외가 즉위하게 되었는데 그가 바로 장공莊公이다. 공회가 난을 일으켰을 때 자로는 거기에 있지 않았는데 소식을 듣고서 달려갔다.

마침 위나라 성문을 나오는 동문인 자고子羔와 만났는데, 자고가 자로에게 "출공은 도망갔고 성문은 이미 닫혔으니 다시 돌아가야지

들어갔다가는 공연히 화를 당하게 됩니다."라고 말하니, 자로가 "출공의 녹을 먹었다면 그가 어려움에 처하였을 때 회피해서는 안되는 것이오"라고 말하였다. 이에 자고는 떠나갔고 마침 성으로 들어가는 사자가 있어 성문이 열렸을 때 자로도 따라서 들어갔다. 괴외에게 이르자 괴외가 공회와 함께 대臺로 올라왔다. 자로가 말하기를 "태자는 어찌 공회를 이용하려 하십니까? 비록 그를 죽이더라도 반드시 다른 사람이 그의 뒤를 이어 싸울 것입니다."(大子焉用孔悝? 雖殺之, 必或繼之.)라고 하였는데,* 괴외가 들어주지 않아서 자로는 그들이 있던 대臺를 불태우려 하였다. 괴외가 두려워 석기와 호염에게 자로를 공격하게 하였는데 이 공격에 자로의 갓끈이 끊어졌다. 이에 자로가 외치기를 "군자는 설사 죽더라도 관은 벗지 않는다."하고 드디어 갓끈을 다시 매고서 죽었다. 공자는 나라에서 난리가 일어났다는 이야기를 듣고, "아아, 유가 죽겠구나!"라고 탄식하였는데, 이윽고 과연 그가 죽었다. 공자는 그가 죽은 뒤에 "내가 유를 얻은 뒤로 부터는 다른 사람들의 험담이 나의 귀에 들리지 않았는데 …"라고 탄식하였다.

* 이 부분이 『사기』「중니제자열전」에는 "그대(괴외)는 어디에다 공회를 쓰시겠습니까? 그는 필요없는 인간이니 제가 잡아다 죽이겠습니다."(君焉用孔悝? 請得而殺之)라고 하였다. 그러나 전후 상황과 문맥을 고려하여 『춘추좌씨전』 애공 15년(B.C. 480)의 구절로 인용하였다.

자로의 죽음에 대해 『공자가어』「곡례자하문」에는 좀 더 자세히 나와 있다. 공자가 노나라에 있을 때 위나라에 내란이 일어났다는 소식을 듣고 "고시는 돌아오겠지만 중유는 죽을 것이다." 하였다. 얼마 안 있어 위나라 사신이 와서 "자로가 죽었다."고 하자 공자는 뜰 가운데서 곡을 하였다. 조문하러 온 사람이 있으면 공자는 절을 하였다. 곡이 끝나고 공자는 사신을 나아오게 하여 까닭을 물어보니 사자는 "자로는 죽어서 젓담겨졌다."고 하였다. 이에 공자는 드디어 좌우에 있는 사람에게 집 안에 있는 모든 젓갈을 엎어버리라 하고 "내가 어찌 차마 이것을 먹겠느냐."라고 하였다.

 제자들이 다양한 역할을 다하기 위해서는 항상 한 분야에 정통한 제자만으로 되는 것은 아니다. 문文에 능하면 무武에 능한 제자도 있어야 문무가 겸비되는 것이다. 배움에 있어 문과 무란 음양과도 같은 것이며 공부에 있어서도 몸 공부와 마음공부가 항시 함께 가야하는 것이다. 자로는 무武에도 치중하였으나 문文을 게을리 한 것이 아니므로 양자를 겸비한 제자였다고 한다.

 '자로 사당과 묘'는 하남성 복양시 동쪽 4키로 지점에 있다. 복양은 부유한 도시였다. 도시도 사람도 모두 그렇게 보였다. 음식점에서 살펴본 바로는 젊은이들이 모두 멋지고 옷차림이나 풍기는 분위기에서도 부유함을 느낄 수 있었다. 도시도 전체적으로 깨끗하였는데 후진타오의 대학동창이 시장이었다고 한다.(현재까지 하고 있는지는 미상)

 자로묘(중유묘仲由廟라고도 한다)는 사당과 함께 있는데 다른 제자들 무덤과는 달리 의외로 번화가인 시내에 있었다. 바로 옆에는 춘추시대 위나라 척성戚城 유적지가 박물관으로 되어 있었다.(시간 관계상 들어가 보지는 않음) 척성 유적지에서 사도사당까지는 양쪽에 고서화 상점이 즐비하였는데 활기차게 보였다. 사당 위치도 중심가에서 멀지 않은 사람들의 왕래가 빈번한 곳에 있었다.

 입구 대문에는 '중부자사仲夫子祠'라는 편액이 푸른색 바탕에 황금색 글자로 양각으로 세로로 걸려 있었다. '중부자仲夫子'라니? 부자夫子라는 명칭은 오직 공자에게만 붙이는 극존칭이 아니던가! 그런데 자로에게 '중부자'라고 하다니. 자로의 성이 '중仲'인지라 '중부자'라고 한 모양이지만 중仲에는 둘째라는 뜻도 있다. 이곳 사람들의 자로에 대한 존경의 강도를 읽을 수 있었다.(비록 그 명칭이 이전부터 있었다고 할지라도 그 명칭을 그대로 지키고 있는 그 사람들도 이전 사람들과 마찬가지 생각을 가지고 있기에 그 명칭을 그대로 사용하고 있을 것이다) 사당의 명칭은 '중부자사'이며 무덤은 '중부자지묘'(직경 28미터, 높이 4.3미터)이다. 공자를 제외하고는 유일하게 '부자'를 붙인 경우인데 극히 존중함을 알 수 있다. 또한 이는 공자문하의 제1인자인 안회는 비록 안묘(사당)가 있고 묘지(안림)가 있으나 안묘는 공부 바로 옆에 길만 하나 건너가면 있어도 찾는 사람이 없어 극히 적막하며, 안림은 보호받지 못해 이제는 도로와 숲으로 화한 것과 비교되기도 한다.

관람객은 무척 많았는데(입장료는 없음) 이곳은 마치 공원처럼 남녀노소 모두 찾는 곳이었다. 군인들도 있었으며 특히 학생들이 많았다. 그들은 이곳 저곳에서 유쾌하게 사진을 찍기도 했다. 묘는 사당의 맨 안쪽에 있는데 둥그런 봉분 밑에는 돌로 빙 둘러서 무덤의 훼손을 막게 하였다. 관람객 중에는 봉분 위에 올라가는 사람도 있었는데 우리의 상식으로는 잘 납득이 되지 않았다.(곡부의 소호황제릉에 가니 무덤 정상 위에까지 사람 다니는 길이 선명하게 나 있었다. 알고 보니 소호황제가 오래 살아서 관광객들이 장수하려고 많이들 올라가서 길이 생긴 것이었다.)

마침 토요일이어선지 사당 안에서 골동시장이 열리고 있었다. 고서, 탁본, 도자기 등 그야말로 골동품과 6,70년대의 헌 책 등이 사당 곳곳에서 좌판을 벌이고 팔리고 있었으며 전문적인 헌책방도 두세 군데 있었다. 마침 가판대 좌판에 현대 중국의 저명한 철학자인 풍우란의 『논공구論孔丘』(공자를 논함) 라는 책이 있어 이번 여정이 공자 관련 답사인데다가 자로사당 방문 기념으로 사려고 하였으나 극히 얇은 책인데도(3,40페이지) 15원(우리 돈 2,400원)이나 달라고 하고 기존의 풍우란전집에 다 들어 있는 자료이어서 아쉽지만 사지 않았다. 또 청나라 때 출판된 목판본『논어』몇 권이 있어 기념으로 사려하였으나 낙질인데다가 보존 상태가 안좋아서(습기에 노출됨) 결국 사지 못했다. 자로 무덤 앞에는 명나라와 청나라 년간의 비석을 비롯한 몇 개의 비석이 질서정연하게 서 있었다.

자로의 묘와 자공의 묘를 둘러보고 생각해 본다. 자공은 위나라 사람이고 유명한 외교가, 정치가였고 부유하였으며 후세에 유상儒商의 시조라고도 불리우는 사람인데 지금은 무덤조차 누구하나 돌보는 자 없는 적막한 신세이다. 이에 비해 자로는 원래는 노나라 사람이었으나 위나라에서 공회의 난 때 자신의 주군을 위해 싸우다가 장렬히 전사하였는바 후세에 그 의기를 높이 사서 이를 기리고 있다. 자로가 사후에 칭송되는 것이 자공과 극명하게 대비되고 있는 것이다.

자로 사당을 참배하고 북경으로 가기 위해 다시 정주로 돌아와 보니 시간이 여유가 있어 하남성 박물관에 들렀다. 관람하고 나오니 오른쪽 건물에서 '화하고악연주회'를 한다는 포스터가 붙어있어 기사에게 양해를 구하고 관람하였다.(관람 시간 약 30분) 전통의상을 입고 전통음악을 연주하는 것인데 진곡이 고대의 음악을 복원한 것이었다. 관객은 10여 명밖에 되지 않았다. 그런데 첫 번째 음익이 비로 '계공 음악祭孔音樂(공자를 제사하는 음악)이 연주되는 것이었다. 사회자에 의하면 명대의 악보를 참고하여 복원한 것이란다. 함화咸和, 영화寧和, 안화安和 곡이 연주되는데 나도 모르게 감동되어 눈물이 쉴 새 없이 흘러내렸다.(사진을 찍고 싶었으나 너무나 엄숙하여 감히 찍지는 못하였). 이어『시경』「정풍」의 '자금'(편종 합주곡),「상송」의 '현조' 등이 연주되었으며 끝으로 도교음악인 '백학비'가 연주되었다. 중국전

통음악을 전문적으로 들은 것은 처음이었으며 내게 많은 감동과 느낌을 준 소중한 경험이었다. 결국 공자의 주유천하 1차 답사는 화하고악연주회의 제공음악으로 마지막 마무리를 한 셈이 되었다.

<자로묘(비석에 중부자지묘로 쓰여 있다)>

3) 자공묘

자공은 성은 단목端木, 명은 사賜, 자는 자공子貢으로 위나라 사람이다. 공자보다 31세가 적었다. 자공은 변설에 능하여 공자가 늘 그것을 억누르곤 하였다. 자공은 특히 정치 분야에 뛰어났다. 또한 공자는 자공에 대해 "자공은 천명을 받지 않고 재물을 불렸으나 억측하면 자주 적중했다."(『논어』「선진」)라고 평가하였다.

자공에 관한 일화를 보자. 자공은 집이 부유하여 천금을 쌓아 놓고 항상 사마駟馬(네 마리 말이 끄는 매우 빠른 수레)를 타고 다녔다. 어느 날 그는 동문수학한 원헌原憲을 찾아갔었다. 원헌은 띠집에서 다 떨어진 옷을 입고 이틀 만에 나물 밥 한 그릇씩 먹는 가난뱅이였지만, 선왕의 의리를 이야기하는데는 즐거움이 가득 찬 안색이었다. 이것을 보고 자공은 "너무 심하구나. 자네는 어찌 이다지도 병들어 보이는가?"하고 말했다. 그러자 원헌은 "내가 듣기엔 재물이 없는 자를 가난하다 하며, 도를 배워서 능히 행할 줄 모르는 자를 병들었다고 한다는데 지금 나는 가난한 것이지 결코 병든 것은 아닙니다."하고 대답하였다. 자공은 이 말을 듣고 부끄러워하여 자기 몸이 마치도록 자기가 말을 지나치게 한 것을 후회했다고 한다.

<자공묘(선현단목자공지묘 비석. 뒤에 나무가 우거진 곳이 자공묘임)>

자공은 그 뛰어난 외교적 능력으로 한번 나서자 노나라를 존속시키고 제나라를 혼란에 빠트렸으며, 오나라가 망하고 진나라가 강국이 되었으며 월나라가 패자가 되었다. 즉 자공이 한번 뛰어다님으로써 국제간의 형세에 균열이 생겨 10년 사이에 다섯 나라에 각각 큰 변동이 생겼던 것이다. 또한 자공은 시세를 보아 물건을 매매하여 이익을 챙기는 것을 좋아하여 때를 보아서 그때그때에 재물을 굴렸다. 한편 그는 남의 장점을 드러내주는 것도 좋아하였으나 남의 잘못을 숨겨주지도 못하였다. 일찍이 노나라와 위나라에서 재상을 지냈으며 집안에 천금을 쌓아두기도 하였다. 결국 그는 제나라에서 세상을 마쳤다.

자공은 학문을 열심히 하면서도 이치를 세상에 적용시키는 재주가 있어 공자의 뜻을 세상에 펴는데 익숙하였다. 이러한 능력은 공자의 뜻을 많은 사람들이 받아들이도록 함에 많은 도움이 되었으며 공자가 학문에 주력할 수 있도록 함에도 크게 기여하였다. 학문을 펴면서도 세상으로부터 거두어들일 줄 알았으므로 이러한 면이 세속에서 공부하는 이들에게 많은 도움이 될 수도 있을 것이라고 한다.

자공묘를 가기로 한 날 아침 식사로 길가에서 파는 튀김과 죽을 먹으려고 승용차를 타고 가는데 마침 우리 앞을 지나가는 70대의 장님 노인 악사를 유심히 보게 되었다. 그는 중년인에 의해 인도되고 있었는데 웬지 그 분이 식사하는 곳에서 식사를 하고 싶어졌다. 그런데 그는 수레에서 음식만 사고(나중에 알고 보니 닭고기) 바로 사라졌다. 지금도 그 노인의 얼굴이 눈에 선하다. 얼굴 전체가 분홍 빛이고 잡티가 전혀 없으며 만면에 미소를 띠었다. 그의 외모는 흡사 자유중국의 국사라고 칭송되는 남회근선생과 비슷하나 더 젊어 보였다. 흰머리는 짧게 깎았으며 짙은 곤색의 인민복 차림으로 가슴에는 중국식 바이올린인 호궁(?)을 소중히 안고 있었다.

'자공묘'는 현재 하남성 준현浚縣 대비산大伾山 동남 1키로의 장장촌張莊村 북쪽에 있다. 시골길을 한참 달리다 자공묘 근처의 민가에서 물어보니 외진 곳 밭 가운데에 있다고 한다. 이에 큰길에서 들어가 밭 사이에 난 작은 길을 가다 그보다 약간 큰길로 나와 찾아도 알 수 없어 길을 가던 중년의 여인에게 물어보니 공교롭게도 벙어리 아주머니였다. 그녀는 말은 알아들을 수 있는지 나의 뜻을 파악하고 고맙게도 가던 길을 되돌아가 자공묘로 인도하여 참배할 수 있었다. 그녀는 떠나지 않고 근처 밭에서 나물을 뜯으며 우리들을 지켜보았다. 자공묘는 돌보는 이 없이 초라하게 땅콩밭 끝에 있었다. 멀리서 보면 작은 둔덕처럼 보였으나 다른 이의 무덤에 비해 규모도 무척 작았으며 제대로 관리를 하지 않아 무덤 여기저기에 나무들이 멋대로 자라고 있었고 무덤 곳곳이 무너져 내려 차마 눈뜨고 보기 어려운 형상이었다. 한때 두 나라의 재상을 지냈고 많은 부를 소유하였으며, 공문십철 중 언어(외교) 방면에 능통해 3대 제자 중의 한 사람인 그의 당시 명성에 비해, 묘는 제대로 관리하지 않아 퇴락할 대로 퇴락하여 있었다. 게다가 자공묘 전면에는 공자문하의 다른 제자들의 무덤과 달리 곳곳에 조상의 음덕을 받기 위해서인지 최근에 세워진 단목 성씨의 후손 무덤이 무질서하게 자리 잡고 있어 눈살을 찌푸리게 했다.

그나마 명대 만력 년간의 비석이 하나 있어 이곳이 자공의 옛 유적지임을 알게 해 주었다. 자공묘 표지석 뒷 부분의 설명에 의하면 원래 자리에서 다른 곳으로 옮겨졌다가 다시 원래 자리(현재의 위치)로 명대에 옮겨졌으며 58년도에 묘 전체가 훼손되었다고 한다. 자공묘에 대해 마땅히 물어볼 데가 없어 혹시나 하여 그녀에게 묘에 대해 물어보니 그녀의 기억에도 자공묘는 원래는 매우 컸었다고 하면서 사방을 가리키며 손짓발짓으로 그 규모를 나름대로 설명하여 주었다.

4) 민자건묘 (유지 遺趾)

민자건閔子騫은 이름은 손損이며 자건子騫은 그의 자字이다. 노나라 사람으로 공자보다 15세 연하였다. 공자 문하의 10명의 뛰어난 제자인 '공문십철' 중 덕행 부문에 안회 다음으로 이름이 올라있다. 공자 문하에서는 선진(선배) 그룹에 속한다. 특히 효도에 능하였고 절조있는 인물이었다.

나는 1995년 8월부터 1996년 7월까지 산동성 제남에 소재한 산동사범대학 한국어과에 재직하면서 중국학생들과 교수들에게 한국어와 한국문화를 강의하였다. 그 당시 제남의 문화유적지를 몇 번에 걸쳐 자료를 살펴보았지만 공자 제자의 묘는 물론 공자와 관련된 것은 드러난 것이 없어서 주의를 기울이지 못했다. 그러다가 최근 김덕균교수 책에서 민자건묘가 제남에 있는 것을 알고는 내가 근무하던 당시에 찾아보지 못한 것을 무척 아쉬워하였다.

금번 답사에서는 원래 제남 방문은 빠져 있었지만 일부러 민자건묘 방문을 위하여, 참으로 12년만에 많은 추억이 어려있는 제남을 다시 방문하였다. 어렵게 물어물어 찾아간 민자건묘는 민자건로 백화공원 百花公園 입구 왼쪽에 있었다.(물론 내가 근무하던 산동사범대학에서 좀 떨어져 있기는 했지만 민자건 이름을 딴 민자건로가 있는데 당시에 주의를 기울이지 못하였다니 나의 실수가 후회스러웠다) 원래는 공원 안에 있는 것으로 생각하였으나 공원 밖에 따로이 건물이 있었다. 건물 편액은 '숭효원崇孝苑'으로 되어 있으며 건물 벽에는 '제남효문화박물관'이라는 명칭으로 되어 있다. 그러나 현재 문은 굳게 닫혀 있어 들어갈 수가 없어 아쉬운 마음에 문틈으로 안을 살펴보니 산동성 여기저기서 모아 온 비석들이 있는데 비석 몸체가 깨진 것, 귀부만 있는 것 등이 정문 좌측에 무질서하게 정렬해 있다. 그래도 어렵게 여기까지 왔는데 바로 떠나지를 못하고 아쉬운 마음에 주변을 배회하다 보니, 정문 오른 편에 큰 철문이 있는데 문 틈이 비교적 많이 벌어져서 안을 살펴보았다. 문에서 10여 미터 정도 거리 오른쪽에 검은색의 옷을 입고 있는 좌상이 홀로 건물 복도에 배치되어 있었다. 저 소상이 아마도 민자건상인 것으로 보인다는 가이드 말에 나도 그렇게 추측되었다.

아쉬움을 뒤로하고 기차역으로 가는데 글쎄 이런 일이! 백화공원 바로 옆이 대학 후배들 만나러 내가 그렇게 자주 갔던 산동대학이 아닌가. … 제남에 있을 당시에 주로 자전거를 이용하여 돌아다녔는데 내 성격상 자주 가던 곳만 가고 새로운 곳은 가길 꺼려하여 이런 일이 발생한 것이었다. 처음으로 어떤 지역에 가면 이곳 저곳 돌아다녀 보아 그곳 사정을 익숙히 알아야 하는데, 학교와 숙소, 서점만을 다니고 책을 통해서만 이해하려 하였지, 직접 몸과 발로 뛰는 것을 즐겨하지 않는 나의 성격 탓이었다.(이번 주유천하 답사는 나의 이런 성격을 고치는 중요한 계기가 되었) 이곳에 오기 직전에 곡부에 있는 공자연구원에서 민자건묘를 사진으로 자세히 본 적이 있어서 그나마 아쉬운 마음에 위안이 되었다.

5) 증자 사당과 묘

증자는 성은 증曾, 명은 삼參, 자는 자여子輿, 증자曾子라고도 하며 남무성南武城(노나라) 사람으로 공자보다 46세가 적었다. 뜻을 효도하는 데에 두어 공자는 『효경』을 짓게 하였다. 공자의 도통을 이은 이로서 『대학』과 『효경』을 저술하였다고 전해온다. 효도를 잘했다고 하는데 증자의 문하에서 자사가, 자사의 문인에게서 맹자가 출현해 유학사에서 지극히 중요한 위치를 차지하고 있다. 특히 『논어』는 증자의 문인들이 유자有子의 문인들과 함께 편찬하여 『논어』에서는 유자와 함께 증자曾子(증선생님)로 불리운다.

증자에 관한 일화 두 가지를 보도록 하자

제나라에서 증자를 불러 경卿을 삼고자 했으나 나가지 않았다. 그는 말하기를 "나는 늙은 부모를 모시고 있다. 이제 만일 남의 녹을 먹게 되면 그 사람의 일을 걱정해야 할 테니 그렇게 되면 나의 늙은 부모는 멀리하고 남의 일을 해야 할 것이니 그런 일을 차마 하지 못한다."하였다.

<청나라 옹정황제가 친필로 쓴 '도전일관' 편액(1725)>

증자는 계모 밑에서 구박을 몹시 당했으나 그는 여전히 변치 않고 잘 봉양했다. 어느 날 아내가 부모의 조석상에 나물을 덜 익은채로 삶아 내놓았다 해서 내쫓기로 작정을 했었다. 이것을 보고 남들이 말하기를 "그만한 일로 아내를 내쫓는 것은 너무 지나치다."고 만류했다.

이에 증자는 "나물을 삶는 것은 지극히 작은 일인데도 나의 명령을 듣지 않고 부모에게 봉양을 못하니 하물며 더 큰일에 있어서야 더하지 않겠는가?"하고 말하고 나서, 아내를 내쫓아 버린 다음 죽는 날까지 다시 장가들지 않았다. 그 아들 원元이 아버지에게 장가들기를 청했으나, 그는 증원에게 이렇게 말하는 것이었다. "옛날 고종高宗은 후처 때문에 효기孝己를 죽였고 윤길보尹吉甫도 후처 때문에 백기伯奇를 내쳐 버린 일이 있었다. 나는 위로 고종에게도 못 미치고 중간으로는 길보에게도 비교할 수 없으니, 그들이 겪은 이러한 나쁜 일을 하지 않는다고 어찌 장담하겠느냐?"고 하였다.

 증자 사당이 있는 산동성 가상嘉祥으로 가다가 제녕濟寧시 박물관에 들렀다. 공자가 노자를 만난 화상석畵像石이 여러 군데서 출토되었지만 유명한 무씨사武氏祠의 화상석이 이곳에 보관되어 있다고 해서였다. 아침 일찍 출발하였으나 시내에서 길을 헤매다 도착한 시각이 오전 11시 35분인데 벌써 오전 근무가 끝났다고 한다. 오후 2시 30분이 되어야 출근한다고 하여 다른 유적지를 먼저 보고(조나라의 조군묘) 오는 길에 다시 들르기로 하였다. 나중에 알고 보니 내가 보고자 한 원래의 '공자견노자도孔子見老子圖' 무씨화상석은 전해 들은 바와는 달리 지금노 무씨사당에 잘 보관되어 있고 제녕시박물관의 한비실漢碑室에 보관되어 있는 것은 규모면에서나 모든 면에서 원래 무씨사 화상석과는 비교도 되지 않는 극히 일부분만을 표현한 모본模本이었다.('무씨화상사' 참고)

 가상은 가는 도중에 석재 가공하는 곳이 도처에 많아 물어보니 돌산이 많아 석재 가공업이 주산업이라고 한다. 지난 번의 하남성 활현滑縣처럼 이곳도 제대로 된 식당이 없어 하는 수 없이 호텔식당으로 가니 그날이 결혼하는데 길일인지 가는 곳 세 곳이 모두 결혼식을 치르고 있었다. 헤매다 어렵게 찾아간 농촌식 음식점은 의외로 손님도 많았고 음식도 입에 맞아 산동지방 농촌음식을 조금이나마 맛볼 수 있었다. 처음 식사하려고 갔던 곳이 '기린헌대주점麒麟軒大酒店'이고 근처의 거리 명칭이 '획린가獲麟街'(기린을 잡은 거리)여서 왜 이런 지명이 여기에 있는지 매우 의아하게 생각했는데 나중에 알고 보니 기린이 잡힌 기린대麒麟臺가 여기서 매우 가까워서 붙인 명칭이었다. ('기린대' 참고)

'증자 사당'은 가상현 남쪽 20키로 남무성산의 남쪽 기슭에 있다. 종성묘라고도 한다. 증자 사당 서남 쪽 500미터에 증자의 묘가 있다. 증자 사당 입구에는 '종성묘宗聖廟'라는 패방이 우뚝 서있다. 사당은 찾는 이 별로 없어 적막하지만 보존이 잘 되어있어 그나마 위로가 되었다.(이에는 한국 유림의 경제적인 협조가 크게 작용하였다) 유학사에서 증자의 위치를 나타내는 '도전일관道傳一貫'(일관의 도를 전함)이라는 청나라 옹정황제의 편액이 푸른색 바탕에 양각의 황금색 힘찬 글씨로 정면에 걸려있다. 사당 바로 뒤에는 다른 곳과 달리 특이하게도 산 전체가 돌로 뒤덮인 돌산이 자리잡고 있다.

여기서 공자와 증자의 '일이관지一以貫之' 문답을 살펴보자.

    공자: "삼參(증자의 이름)아! 나의 도는 한 길로 관철되어 있다."
    증자: "예."
    공자가 나가자 문인들이 물었다. "무슨 말입니까?"
    증자: "선생님의 도는 충忠(최선을 다하는 것)과 서恕(나의 마음을 미루어 남에게 미쳐감)일 뿐이다."(『논어』「이인」)

사당을 가로지르는 중앙의 길로 가서 사당 주요 부분을 보고 오른쪽으로 돌아 나오는데 건물이 있어 들여다보니 또 다른 증자라는 명칭의 소상과 신위가 있어 이상하게 생각하였으나 바로 증자의 부친인 증석曾晳(증점曾點이라고도 함)을 모신 것이었다.

　사당 중간에는 건륭황제가 친필로 짓고 쓴 비석이 있는데 그 내용 끝부분에 "삼천 명의 제자가 비록 많았지만 홀로 그 종지宗旨를 얻었네."(三千雖多, 獨得其宗)가 특히 인상적이었다. 당시 관람객은 나 혼자 밖에 없었는데 관리인이 와서 몇 가지 증자 관련 책과 건륭황제가 쓴 비석 탁본을 사라고 한다. 책은 조잡한 화보를 모은 것이어서 관심이 가지 않았으나 건륭황제의 탁본은 관심이 갔다. 그러나 터무니없이 100원(당시 1만 6천원)을 달라고 하여 사지 않다가 생각해 보니 다시 오기도 힘들고 내용도 있는 데다가 복사본도 아니어서 50원에 달라고 하니 쾌히 응해 주었다. 그렇다면 100원은 그냥 불러본 가격이란 말인가?(사실 증자 사당에서의 건륭황제 탁본도 구입한 뒤 혹시 모본이 아닌가 하고 요리조리 살펴보았다. 결론은? 그 먼 시골에서 설마 모본 탁본을 팔겠는가였다. 모본이어도 할 수 없다. 50원 주고 구입하였으니까. 속은 셈 치면 된다) 근처에 증자묘는 보이지 않으나 분명히 있는 것으로 알고 있는지라 관리인에게 물어보니 과연 사당에서 멀지 않은 곳에 자리잡고 있다고 한다.

　'증자묘'를 찾아가는 길은 여름인데다가 시골길이어서 비로 인해 곳곳에 웅덩이가 생겨 도로 사정이 좋지 않아 승용차로 가는 것을 포기하고 걸어서 갔다. 가보니 멀지 않은 곳에 잘 단장된 증자의 무덤이 있었다. 앞에는 작은 건물(제실인 듯)이 있고 후면에 묘소가 자리잡고 있는데 잘 보존되어 있었다. 사당과 마찬가지로 묘소도 전체적으로 안정된 분위기였다. 묘소 입구를 지나니 양쪽 잔디밭 곳곳에 자공묘에서 본 것과 같은 후손의 무덤처럼 보이는 나무 팻말 같은 것이 있길래 실망하였다. 그런데 자세히 살펴보니 후손의 무덤이 아니라 바로 홍콩의 증씨 후손들이 식수한 것을 기념하여 세운 표지였다.

4. 공자의 후학

공자의 후학으로 대표적인 맹자의 유적지를 답사해 보았다. 공자의 고향인 곡부에서 가까운 곳에 100년 뒤에 공자의 사상을 이어 '공맹'으로도 병칭되는 맹자의 고향 추성鄒城이 있다. 맹자는 공자의 손자인 자사의 문인에게 수업하여 공자의 사상을 발전시켜 인의仁義를 주창하고 왕도정치王道政治를 널리 선양시킨 공로가 있다.

1) 맹묘 孟廟

<맹묘(맹자 사당 입구. 아성묘라 쓰여있다)>

'맹묘'는 맹자를 모신 사당이다. 아성묘亞聖廟라고도 한다. 곡부성 남쪽 25키로의 추성시 남문 바깥에 있다. 공묘의 웅장하고 화려하며 대규모인 것에 비하면 천양지차가 난다. 찾는 이 없이 그야말로 적막하다. 나

는 오히려 고즈녁하고 사람이 없는 것이 더 좋기는 하지만 말이다.
　나는 곡부에 비해 맹자의 고향인 추성 일대는 자주 가지 못했다. 94년도에 처음 곡부를 방문할 때는 추성이 곡부에서 아주 먼 곳에 있는 것으로 생각했고, 뒤에는 곡부에서 그다지 멀지 않은 곳에 있는 줄은 알았으나 별로 가고 싶지 않았다. 이것은 내가 평소에 맹자보다는 공자를 더 존경하고 또『맹자』보다『논어』를 즐겨 읽는 것에도 그 원인이 있다.『맹자』를 통해 볼 때 맹자의 사람됨은 모가 나 있고 달변이며 자기 주장이 강하다. 문체 또한『논어』의 말은 짧으나 뜻은 깊은 것에 비해『맹자』는 장황히 설명한 장문이 많아서 평소에 좋아하지 않았다. 다만 한문漢文 문법을 배우는 데는 가장 좋은 참고서라는 것을 익히 들어서 알고 있는지라 한문공부를 하기 위해 장문의(특히 전반부) 문장들을 읽었을 뿐이다. 그러나 후반의「진심」은 내용과 문체가『논어』와 비슷한 것이 많아 지금도 즐겨 읽고 있다. 그래도 요즘은 이전 보다 많이 좋아진 편이다.『맹자』를 자주 옛날 한적漢籍으로 펼쳐 보고 있으니까.

　『맹자』는 예로부터『춘추좌씨전』,『장자』와 더불어 선진先秦 3대 문장으로서 특히 한문을 공부하는 이에게 한문 문법을 터득할 수 있는 좋은 교재로 널리 알려져 있다. 그래서『맹자』를 3천 번을 읽으면 '툭탁'하고 문리 터지는 소리가 난다고 까지 하여 수많은 독학자讀學者들이『맹자』를 즐겨 읽었다. 임진왜란 때의 명재상인 서애 유성룡이 젊었을 때 절에서『맹자』를 삼천번을 읽고 법당문을 나서니 산천초목이 모두 맹자로 보였다는 일화도 전한다. 또한 이전에 서당에서 어떤 스승이 제자에게『맹자』를 3천 번을 읽으면 '툭탁'하고 문리 터지는 소리가 난다고 하자 제자가 그대로『맹자』를 삼천 번을 읽었다. 그러나 '툭탁' 소리가 나지 않자 스승께 왜 소리가 나지 않느냐고 장문의 편지를 보냈다. 그런데 그 편지의 문장 구절 구절이 바로 『맹자』의 문장을 잘 활용한 것이었으니 그 제자는 그야말로 『맹자』를 3천 번이나 잘 읽은 보람이 있었던 것이다.

2) 맹부 孟府

'맹부'는 맹자 사당 서쪽에 바짝 붙어서 있으며 맹자의 적장손嫡長孫이 거주하던 곳이다. 이곳도 공부와 비교하면 맹부는 마치 공부의 부속건물만도 못한 것처럼 생각되었다.

맹자를 모신 사당인 맹묘와 맹자의 후손들이 살았던 맹부를 보고나니 공묘와 공부와는 천양지차가 있음을 다시 한번 실감하게 된다. 먼저 그 규모 면에서는 물론이요, 장식, 면적 등에서도 참으로 많은 차이가 남을 느끼지 않을 수 없다. 후대에 공자와 더불어 나란히 '공맹사상'으로 칭해지는 것과 달리 실제로 추숭하는 것이 이와 같이 크게 차이가 나는 그 이유는 과연 무엇일까.

내 나름대로 생각해 보다가 중국인 가이드에게 물어보니 공자는 역대의 제왕이 공자의 사상을 정치에 이용하였으나 맹자는 그렇지 않아 공자와 맹자에 관한 유적에 있어서도 사후 관리에 현격하게 차이가 나는 것이라고 한다. 참 그렇다! 맹자는 바로 임금이 임금답지 않으면 일개 필부에 지나지 않으며, '탕湯이 걸桀을 추방하고 무왕武王이 주紂를 정벌한 방벌사상放伐思想을 강조한 역성혁명易姓革命의 주창자가 아니던가.

3) 맹림 孟林

'맹림'은 추성시 동북 쪽 12.5키로에 있는 곡부성 동남쪽 사기산四基

山 서쪽 기슭에 자리잡고 있다. 곡부로부터 약 25키로 떨어져 있는 매우 가까운 곳이다. 맹림은 맹자와 후손들의 무덤이 모여 있는 가족묘군으로서 곡부의 공림과 같은 성격의 것이다. 다만 곡부에 있는 공림에 비해 그 규모 면이라든가 유지 등은 훨씬 못 미치고 있다.

공림과는 달리 맹림은 맹묘, 맹부에서 비교적 멀리 떨어져 있다. 그것도 공림처럼 평지가 아닌 야산에 자리잡고 있다. 맹자의 묘로 올라가는 길에는 그곳 지역에 사는 주민들이 여기저기서 더위를 피하며 한가하게 휴식을 취하고 있다. 곳곳에 청소를 제대로 하지 않아 지저분하기까지 하다. 맹자의 묘를 찾았는데 문이 닫혀서 들어갈 수가 없다. 공림이 관광지로 개발되어 입장료를 받는데 비해 맹림은 관광지도 아니며 따라서 입장료는 물론 관리인도 없다. 그러니 누가 열쇠를 가지고 있는지를 알 수 없고 들어갈 방법이 없다. 마침 뒤로 돌아가니 맹자의 묘는 규모도 무척 작고 묘 주위에 비교적 낮은 담장이 둘러처져 있어 밖에서 묘를 어느 정도 볼 수는 있었다. 이에 할 수 없이 담장 밖에서 참배하고 사진을 몇 장 찍을 수밖에 없었다. 다만 담을 넘어서 참배하기에는 불경스럽기도 하고 이 나이에(?) 위험하여 포기하였다.

참으로 맹림 또한 공림에 비해 규모 면이나 관리 면에서 천양지차가 있음을 다시 한번 실감하지 않을 수 없다. 나중에 중국인 가이드에게 들으니 중국에서 3맹에는 맹림이 아닌 맹모림이 들어간다고 하는데 그래서 이렇게 보존과 관리가 허술한 것인가? 참으로 후학으로서 안타깝고 섭섭한 마음을 내내 지울 수 없었다.

<귀로에서>

　정한고성을 끝으로 금번 공자유적 답사의 모든 일정을 마치고 북경으로 가는 쾌속열차인 화해호和諧號를 타기 위해 정주 기차역으로 갔다. 기차역으로 가는데 면사포 쓴 신부와 신부 아버지가 승차한 결혼식을 막 마친 차가 바로 옆에서 앞서거니 뒤서거니 한참 같이 달렸다. 그동안 함께 그야말로 동고동락하며 어려움을 함께한 왕교수와 송기사를 보내고 시간이 남아 화해호 대합실에 있는 서점에 들렀다. 최근 중국에서는 자유중국의 국사로도 불리우는 남회근선생의 저술이 열풍인지라 이 작은 서점에도『장자남화』(상하권. 대만판 복사본)과『맹자타설』(남회근 선생의 또 다른 맹자 관련 저서인『맹자방통』과는 다른 내용으로 주제별로 강연한 것임)이 눈에 띄었다. 대략 살펴보고 오른쪽 서가 아래에서 구석진 곳에 서점의 다른 책들과 달리 유일하게 비닐로 싸여있는 책이 있어 무슨 책을 이렇게 정성스럽게 비닐로 포장까지 하였을까 하고 무심코 궁금해 뜯어보니 바로 넝나리 개산인 장거정의『논어별재論語別裁』이다. 한국에 있을 때 동료 교수의 연구실에서 이 책을 보고 책의 내용이 괜찮아 사려고 하였는데 이 책을 여기서 보게 되다니... 그것도 비닐에 싸여 곱게 나를 기다리고 있었다니... 마치 나의 공자의 주유천하 유적답사를 정리하고 마무리 하라는 듯이 생각되었다. 그 책은 섬서사범대학출판사에서 출판된 것으로 도저히 그런 기차 대합실의 작은 서점에 있을 성격의 책이 아니다. 우리나라에서도 어디 대학출판사 책이 기차역의 서점에서 판매하는 책이던가? 다시 한번 공자와의 기연을 생각해 보았다. 북경으로 올라가는 쾌속열차에서 이 책을 개략적으로 독파하였음은 물론이다.

　북경 올라오는 기차에서 옆 좌석의 사람이 노트북으로 올림픽 개막식을 보고 있었다. 나는 평소 스포츠에 관심이 없어 올림픽 개막식도 보지 않았었다. 그런데 나중에 들으니 공자의 삼천 제자를 표현한 부분이 있다고 하여 관심을 가졌었는데 마침 삼천 제자 부분을 보고 있길래 함께 보았다.

　주유천하의 모든 답사 일정을 마치고 북경을 떠나기 전날은 공교롭게도 8월 24일, 북경올림픽 폐막식일이었다. 멀리서 울리는 폐막식 축포 소리를 들으며 민박집에서 공자유적 답사를 무사히 마치고 많은 것을 배우고 체득하게 된 것을 깊이 감사드리며 자축하였다. 저녁에는 선배님들의 초청으로 식사를 같이하였는데 한 선배님이 공자님 관련 내용을 직접 중국어로 번역하고 어렵게 새긴 죽간(竹簡. 대나무에 새긴 글)을 선물하여 금번 답사의 피날레를 장식했다. 나중에 알고 보니 귀국일(25일)이 바로 후진타오 주석의 한국 방문일이었다.

　학교에 출근하니 난초 네 송이가 피어 있어 나를 반가이 맞이해 주었다.(이 난초는 내게 온 이후로 한 번도 꽃을 피우지 않아 꽃대가 없는 것으로 생각하였었다.) 이후 난초 순이 두 개 더 나서 오랫동안 안복을 누렸다.

　현재도 나의 관심은 여전히 공자와 『논어』 재해석, 그리고 조선 시대 유학자의 논어설과 『주역』에 집중되어 있다. 증자의 "임중도원任重道遠"(책임은 무겁고 길은 멂)을 다시 한번 되새겨 보고 절실히 느끼는 요즈음이다.

<보강> 21세기는 비움과 나눔의 문화*

여러분 반갑습니다.

제가 오늘 여러분과 함께 이야기하고 생각해 보고자 하는 것은 '21세기는 비움과 나눔의 문화'라는 주제입니다. 현대사회, 특히 21세기의 문화는 한마디로 정보사회라 할 수 있습니다. 지구촌, 아니 이제는 지구가족이라는 말까지 나오게 되었습니다. 그런 가운데 비움과 나눔에 대해 살펴보고자 하는 것입니다. 저는 대학에서 동양철학, 그중에서도 특히 공자와 맹자를 중심으로 하는 유가철학을 전공하였고 평소 노장철학에 대해서도 관심을 가지고 있습니다.

이에 비움과 나눔에 대해서도 막연하게 이야기하기보다는 동양고전을 통해서 이해하고자 합니다. 그 중 『논어』, 『중용』, 『주역』, 『노자』, 『장자』, 「허생전」 등을, 특히 일화를 통해서 말이죠. 그것이 처음부터 비움과 나눔이라는 소재를 풀어나가는데 쉽게 접근할 수 있으리라 생각합니다.

먼저 제가 애송하는 한시 한 수를 소개하고자 합니다. 중국 송나라 때의 성리학자인 장횡거라는 분의 시인데요. 오늘 우리가 이야기하고자 하는 비움과 나눔에 대해 잘 표현하고 있다고 여겨집니다.

천지를 위하여 마음을 세우고	爲天地立心
만민을 위하여 도를 확립한다.	爲生民立道
옛 성인을 위하여 끊어진 학문을 잇고	爲去聖繼絶學

---

* 이 글은 필자가 공자사상을 특히 비움과 나눔의 방향에 맞추어 강연형식으로 서술한 것이다.

만세를 위하여 태평시대를 여노라.　　　爲萬世開太平

　우선은 이 시의 내용을 음미해 보십시오. 이에 관한 설명은 비움과 나눔에 관한 이야기가 다 끝나고 이것을 마무리하는 부분에서 다시 정리하도록 하지요.

비움이란?

　비움을 한자로 표현하면 '공空'이지요. 불교에서는 '공空'이라 하고, 노장철학에서는 '허虛'라 하고 유학에서는 '무毋'라고 하지요.(또 다른 표현으로 '망忘'이라고도 합니다) 비운다는 것은 마음을 비운다는 것입니다. 이것을 '무심無心' 또는 '허심虛心'이라고도 표현하지요. 비움은 곧 가벼움이며 자유이기도 합니다.
　그런데 마음을 비우는 순서는 물질을 비우고, 감정을 비우며, 생각을 비우는 것입니다. 인간이 만들어 놓은 물질이 몸을 지배하고, 몸이 감정을 지배하며, 감정이 생각을 지배하고, 생각이 마음을 지배하기 때문입니다.

물질의 비움

　첫째는 물질의 비움입니다. 물질을 비운다는 것은 가지고 있거나 없거나 물질에 휘둘리지 않는 것입니다. 또한 물질을 추구하는 마음을 버리라는 것입니다. 그러면 자유인이 될 수 있지요.
　가까운 예로 연말 구세군의 자선남비에 익명으로 수천만 원을 매년 같은 곳에 기부하는 사람이 있다고 합니다. 약간의 기부만 해도 생색을 내는 세상에서 말이죠. 또한 대학교 앞에서 음식점을 하는 어느 아주머니는 40억을 그 대학에 기부하였다는 이야기도 들립니다. 그 돈은 학생들로 인하여 번 것이니 학생들에게 돌려준다는 것이죠. 바로 그들이 물질을 비움의 표상이 아닐까요?

역사적인 예를 들어보죠. 중국 춘추전국시대에 초나라 왕이 아주 좋은 활을 잃어버렸습니다. 이에 신하들이 위로하자 그는 "초나라 백성이 주웠을 것이니 아까워 할 것 없다."라고 하였습니다. 그러자 공자가 이 소식을 듣고 "천하 사람이 주웠다고 하면 더 좋았을 것을. 초나라 왕이 마음 씀씀이가 넓지 못하구나."라고 평가하였습니다. 우리나라의 이율곡선생은 이조판서까지 지낸 분이셨지만 세상을 떠났을 때 장례 치를 비용이 없어 제자들과 친지들의 도움으로 겨우 장례를 치렀다고 합니다. 이것이 바로 물질을 비움이 아닐까요? 또한 세상을 떠날 때는 지상의 환경에 자신의 것을 하나도 남기지 않는 것입니다. 즉 육체를 비우는 것으로 시신조차도 남기지 말고 화장하여 자연으로 곧바로 돌아가는 것이며, 무덤과 비석 등을 자연과 후손에게 남기지 않는 것입니다.

감정의 비움

둘째는 감정의 비움입니다. 보통 사람의 감정은 일반적으로 '희노애락애오욕喜怒哀樂愛惡欲'이라고 합니다. 기뻐하고, 성내고, 슬퍼하고, 즐거워하고, 사랑하고, 미워하고, 욕심내는 일곱 가지의 감정입니다. 이 감정을 비운다는 것은 감정이 메마르거나 감정이 없는 것이 결코 아닙니다. 웃을 때가 되면 웃고 즐거울 때가 되면 즐거운 것이지, 결코 감정에 좌지우지되지 않는 것이지요. 이것을 달리 표현하면 바로 '중도中道', '중용中庸'이라고 할 수 있겠지요. 『중용』에서는 희노애락이 아직 드러나지 않았을 때는 '중中'이라 하고, 드러나서 모두 절도에 맞는 것을 '화和'라고 하였지요.

  가까운 예로 거울을 한번 들지요. 거울은 물건이 있으면 비추어 주고 없으면 비추어 주지 않습니다. 거울이 이전의 물건을 계속 비추고 있으면 새로운 물건을 결코 비출 수 없겠지요. 감정을 비운다는 것은 바로 이 거울 같은 것이지요. 감정을 초월한다고나 할까요. 그 감정 속에 있되 결코 감정에 매몰되지 않는 것이죠.

  『장자』에서 예를 들어볼까요. 장자의 처가 죽었다는 소식을 듣고 친구들이 조문을 하러 가니 아니 글쎄 장자는 부인의 시신을 타고 앉아 노래를 부르며 막대기로 물동이를 두들기며 장단을 맞추고 있더라는 것입니다. 하도 기가 막혀 친구들이 그래도 부인의 죽음이니 예를 차리라고 하자, '무無'에서 태어나 이제 '무無'로, 즉 고향으로 돌아갔는데 내가 어찌 기뻐하고 노래하지 않겠는가라고 했답니다. 그러면서 장자는 벌떡 일어나더니 이번에는 덩실덩실 춤을 추며 "즐거워라! 즐거워라! 내가 무엇 때문에 울며 누구를 위해 곡을 한단 말인가?"라고 하더랍니다.

  죽음에 대한 태도를 좀더 자세히 살펴볼까요. 노자가 죽자 친구가 문상을 가서 형식적인 곡 세 번만 하고 나와 버렸습니다. 그 제자가 그렇게 한 연유를 이상하게 생각하고 물었습니다. 그러자 그는

> "괜찮아. 처음 나는 그를 인물이라고 보았네만 지금은 달라.
>   아까 내가 들어가 문상할 때, 늙은이는 제 자식을 잃은 듯이 곡을 하고 있고, 젊은이는 제 어버이를 잃은 듯이 곡을 하고 있더군.
>   그가 사람들을 모은 원인 중에는 반드시 요구는 안 했더라도 슬픔을 말하고 곡을 하도록 은연중 시킨 바가 있기 때문이지.
>   이것은 생사生死라는 자연의 도리에서 벗어나 진실을 거역하고 하늘로

부터 받은 본분을 잊음이야.
　옛날 사람은 이것을 '하늘을 도피한 벌'이라고 했지.
　그가 어쩌다 이 세상에 태어난 것은 태어날 때를 만났기 때문이며,
　그가 어쩌다 이 세상을 떠난 것도 죽을 운명을 따른 것 뿐이야.
　때에 편안히 머물러 자연의 도리를 따라 간다면 기쁨이나 슬픔 따위 감정이 끼여들 여지가 없는 걸세.
　이런 경지를 옛날 사람은 '하늘의 묶어 매달림에서 풀림'(제지현해帝之懸解)이라고 불렀던 것일세."

약간 길지만 노자의 죽음에 대한 그 친구의 태도를 통해 우회적으로 장자는 자기의 감정을 비움을 보여주고 있지 않나요? 바로 장자는 삶과 죽음을 하나로 보는 '생사일여生死一如'를 말하고 있는 것이죠.

그런데 감정을 비우는 방법은 궁극적으로는 무지에서 벗어나는 것입니다. 우리가 죽을 때까지 놓지 못하는 감정은 두려움과 허무라는 두 가지입니다. 두려움은 사후세계나 우주의 법칙에 대한 무지에서 나오는 것이고, 허무 또한 한 번의 삶이 끝이라고 알고 있으므로 유한하고 변화하는 삶에 대한 애착에서 나오는 것이므로 이 또한 무지가 가장 큰 원인이지요.

변한다는 것은 낡은 것을 버리고 새것을 만날 수 있는 기회를 얻는 것이므로 오히려 반가운 일입니다. 죽음 또한 낡고 병든 몸을 버리고 새로운 생을 받는 일이므로 더없이 반가운 일이지요.

'생生'은 태어남이 즐겁고, '노老'는 자신의 연륜이 쌓여가므로 즐거우며, '병病'은 자체의 건강치 못한 부분을 알려 줘 고맙고, '사死'는 살아있는 동안의 결실을 마감할 수 있게 해 주니 고마운 것이 아닐지요. 세상은 온통 즐겁고, 고마운 것들로 가득 차 있는 것입니다.

생각의 비움

셋째는 생각을 비우는 것입니다. 바로 무심無心입니다. 내 생각이 없이 받아들이는 것입니다.

먼저 공자와 안회의 대화를 볼까요. 어느 때 공자의 수제자인 안회가 공자에게 위나라 임금을 만나 위나라의 병폐를 구하러 간다고 하였습니다. 이에 공자는 그에게 마음의 재계, 즉 '심재心齋'하라고 합니다. 마음의 재계란,

> "너는 잡념을 없애고 마음을 통일하라.
> 귀로 듣지 말고 마음으로 듣도록 하고, 마음으로 듣지 말고 기氣로 듣도록 하라.
> 귀는 소리를 들을 뿐이고 마음은 밖에서 들어온 것에 맞추어 깨달을 뿐이지만, 기氣란 비어 있어 무엇이나 다 받아들인다.
> 참된 도는 오직 비어 있는 속에 모인다.
> 이 비어 있음이 곧 '심재'이다.
> 저 텅 빈 것을 잘 보라.
> 아무 것도 없는 텅 빈 방에 눈부신 햇빛이 비쳐 환히 밝지 않느냐?(虛室生白)
> 행복도 이 호젓하고 텅 빈 곳에 머무는 것이다."

또 다른 공자와 안회의 대화입니다.

> 어느 날 안회가 공자에게 말했습니다.
> "저는 얻는 바가 있었습니다."
> "무엇 말이냐?"(공자)
> "저는 인의仁義를 잊었습니다."(안회)
> "됐다. 하지만 아직 미흡해."(공자)
> 다른 날, 다시 안회가 만나서 말했습니다.

"저는 얻는 바가 있었습니다."
"무엇 말이냐?"(공자)
"저는 예악禮樂을 잊었습니다."(안회)
"됐다. 하지만 아직 미흡해."(공자)
다른 날, 또 안회가 만나서 말했습니다.
"저는 얻는 바가 있었습니다."
"무엇 말이냐?"(공자)
"저는 '좌망坐忘'하게 되었습니다."(안회)
공자는 놀라서 물었습니다.
"무엇을 '좌망'이라고 하느냐?"
안회가 대답했습니다.
"손발이나 몸이란 것을 잊고,
귀나 눈의 작용을 물리쳐서,
형체를 떠나 지식을 버리고 저 위대한 도와 하나가 되는 것,
이것을 '좌망'이라 합니다."
공자가 말했습니다.
"도와 하나가 되면 좋다 싫다 하는 것이 없어지고,
도와 하나가 되어 변하면 한 군데 집착하지 않게 된다.
너는 정말 훌륭하구나.
나도 네 뒤를 따라야겠다."

위에서 예로 든 마음의 새게인 '심재'와 나를 잊는 '좌망'은 바로 자연과 하나가 되는 것으로 하늘의 뜻에 따라 사는 것입니다. 이것을 하늘과 인간이 하나로 합하는 '천인합일天人合一', 우주와 내가 한 몸이라는 '우아일체宇我一體'라고도 표현하지요.

공자는 자신의 생애를 6단계로 서술했지요(15세, 30세, 40세, 50세, 60세, 70세)

60세가 바로 무슨 이야기를 들어도 귀에 거슬리지 않았다는 '이순

耳順입니다. 70세는 '마음이 하고자 하는 바를 좇아도 법도를 벗어나지 않았다.'는 '종심소욕불유구從心所欲不踰矩'이고요. 이 경지는 이미 자신의 마음을 비워 하늘과 하나가 된 경지를 표현하고 있지요. 바로『성경』의 '아버지 속에 내가 있고 내 속에 아버지가 있다'는 표현처럼 말이죠.

『논어』의 기록에 의하면 공자는 네 가지를 끊었다고 합니다. 바로 '사무四毋'라는 것으로, '억측함이 없으며 기필함이 없으며 고집함이 없으며 자기가 없었다'고 합니다.(子絶四, 毋意, 毋必, 毋固, 毋我) 이 또한 공자가 마음을 비웠다는 표현이 아닐까요? 여기서도 거울의 비유를 상기해 볼 필요가 있습니다.

생각을 비우는 방법은 바로 본성의 표현인 옛 성인의 말씀에 자신을 일체화 시키는 것입니다. 매 사안에 대해 자신의 생각이 따로 없다는 것처럼 가볍고 편한 것은 없습니다. 비우는 놀이가 연습이 되어 죽는 순간에는 남김없이 비울 수 있어야 합니다.

결국 가장 이상적인 물질의 비움은 본래 왔던 상태대로 씨앗인 영 하나만 가지고 돌아가는 것이고, 감정은 희노애락애오욕을 죽는 순간까지 몽땅 버리고 가는 것이고, 생각의 비움은 본성으로 회귀한다는 근본 하나만 잊지 않고 돌아가는 것입니다.

목적지를 알아야 여행이 즐거울 수 있으니까요.

나눔이란?

비우는 방법에는 버리는 방법과 나누는 방법이 있습니다. 남에게 베푸는 것은 자신의 것을 주는 것이 아니라 자신의 비움을 돕는 방편으로 남을 선택하는 것이지요.

자신에게서 비우는 것을 길가에 놓아둔다면 아무 소용이 없을뿐더러 오히려 쓰레기가 되어 자연에게나 타인에게 장애물이 되는 것입니다. 가장 이상적인 비우는 방법은 자신에게서 남아도는 것을 모자라는 분들에게 나누는 것이지요. 나눔을 한자로 표현하면 '분分'이 되겠으나 이 글자는 각자의 것을 각각 나눠 가진다는 의미가 강하므로 저는 함께 함, 함께 가짐의 뜻을 가진 '공共'자로 보고자 합니다.

나눔에는 또한 정신적인 것과 물질적인 것이 있습니다.

물질의 나눔

첫째 물질의 나눔입니다. 여러분 「허생전」 모두 아시죠? 조선 후기의 실학자인 연암 박지원선생의 단편소설입니다. 청나라 사신을 따라갔을 때 보고 듣고 느낀 것을 기록한 그 유명한 『열하일기』에 실려있습니다. 이 「허생전」의 주인공은 토정비결을 쓴 이지함선생이라고도 하나 박지원선생 자신일 것이라고도 추측합니다. 박지원선생은 이 「허생전」을 남에게서 들은 것을 정리하였다고 겸손하게 말하고 있지만 말입니다.

내용은 나 아시겠지만 강연의 전개에 도움이 되게 간단하게 요약해 보겠습니다. 허생은 남산골 선비로 10년을 한정하고 공부하려고 하였으나 아내의 생활고에 대한 투정으로 7년 만에 어쩔 수 없이 학문을 그만두죠. 이에 장사를 하기 위해 당시 한양에서 제일 부자인 변부자를 만나 만냥을 빌려 제사에 필요한 과일과 망건을 만드는 말총을 구입해 팔아 100만냥을 법니다. 이 돈의 일부인 30만냥을 당시 변산의 도둑 수 천명에게 주어 외딴 섬에 살게 하고 국내의 걱정거리를 없앱니다. 또한 50만냥은 쓸데가 없다고 바다 속에 던지고 10만냥은 온나라 안을 두루 돌아다니며 가난하고 하소연할 곳이 없는 사람들에게 나누어 줍니다. 그러고도 오히려 10만냥이 남자 변씨에게 빌린 것을 갚습니다. 그러면서도 허생은 여전히 남산골 오두막집에 삽니다.

 이 이야기에서 보면 허생의 공부는 그 당시 선비면 누구나가 다하던 과거공부가 아니라 참으로 성현의 마음을 알고자 하는 진리탐구였죠. 옛 시에선 '책 속에 저절로 천종의 곡식이 있다'느니, '책 속에 황금으로 만든 집이 있다'느니, '책 속에 얼굴이 옥같은 여인이 있다'고 하여 과거에 합격하면 온갖 부귀영화를 누릴 수 있다고 강조했습니다. 이런 가운데 허생은 물질 추구의 마음을 비우고 진리와 하나 되고자 하는 큰 포부로 학문에 정진하였습니다. 또한 조선에서 다 쓰지도 못하는 100만냥이라는 거금을 도둑들에게 나누어 주고, 굶주리고 헐벗는 백성들에게 나누어 주며, 심지어는 쓸데가 없다고 하여 바다에 버리기도 하며, 변부자에게는 빌린 돈의 10배를 돌려주기도 하지요. 자기는 그날 저녁 끼니를 걱정하도록 가난하였는데도 말입니다. 물질의 비움과 나눔의 예를 이 이야기에서 참으로 잘 볼 수 있지 않습니까?

 앞서 물질의 비움에서 예로 들었던 국밥집 할머니의 장학금 기부나 구세군 자선남비에 기부는 또한 물질 나눔의 예로도 들 수가 있죠.

정신의 나눔

 둘째 정신의 나눔입니다. 정신을 나눔에서 명심해야 할 것은 고통을 나눔은 삼가야 하며, 기쁨을 나눔은 많을수록 좋다는 것입니다. 가장 좋은 정신의 나눔은 기쁨의 파장을 배가시키는 것입니다.

부처의 예를 들어볼까요. 부처는 29세에 출가하여 35세에 깨달음을 얻고 열반하기 까지 45년간 설법하셨죠. 만약 부처가 자신이 깨닫기만 하고 이를 전파하지 않았다거나, 또한 개인의 깨달음만을 강조하였다면, 우리는 불교에 대해 전혀 모르거나 일부의 사람만이 알 수 있을 것입니다. 그래서 불교에서는 개인의 깨달음만을 강조하는 소승小乘(작은 수레)과 모두가 부처 되는 대승大乘(큰 수레)의 구별이 있지 않습니까?

그리고 공자의 예를 들어볼까요. 공자의 일생은 한 마디로 바로 비움과 나눔의 과정이라고 정의할 수 있네요. 공자는 50살에 하늘의 명령, 즉 자신의 사명을 알았지요.(五十而知天命) 그래서 55세부터 68세까지 몇 사람의 수제자와 함께 당시의 중국 천하를 주유하였지요. 이 주유천하는 자신이 사명을 깨닫고 나서 자신이 알고 있는 것을 그 시대의 좀 더 많은 사람, 천하 만민과 나누고자 한 것이었습니다. 즉 자신의 이상과 포부를 알아주는 임금을 만나 이 시대에, 이 백성에게 이상정치인 하, 은, 주 시대의 덕치주의를 펴는 것이었습니다. 사정이 여의치 않자 만년에는 고향인 노나라에 돌아와 제자 교육과 고전 정리로 남은 일생을 보냈습니다. 제자를 교육함은 당대의 나눔이고, 이전의 정신문화 유산인 고전을 집대성하여 정리함은 바로 후세와 만대에 나눔이 아닐런지요.

여러분이 잘 아시는 다산 정약용선생도 비록 젊어서는 벼슬하였으나 중년에는 유배되어 당대에는 제도권에서 소외된 분이었습니다. 그러나 그 어려운 가운데서도 다른 유배객들은 술과 시름과 한탄으로 세월을 보내는 사이에 무려 600여권이라는 방대하고도 각 분야에 뛰어난 저술을 후대에 남기지 않았나요? 세상을 원망하지 않고 순순히 천명을 받아들이고 자신이 체득한 것을 정리하고 집필하여 오늘의 우리에게 전한 것입니다. 다산 정약용선생의 또 다른 호가 '사암俟菴'입니다. '기다릴 사' 자입니다. 후세에 자기의 뜻을 알아주는 사람을 기다린다는 뜻입니다. 그 후학이 후대에 다산 정약용선생 자신의 포부와 이상을 펴 온 천하의 만백성과 함께 하늘의 혜택을 받게하는 것이죠. 다산이 읽은 것은 하늘의 뜻이었고 이것은 어느 한 개인만이 소유하는 것이 아니라 만백성과 함께하고 나누어야 하는 것이었으니까요. 이와 같이 옛 성현들이 깨달음을 문자로 남긴 이유는 바로 정신의 나눔이 아닐런지요.

서두에서 말씀드린 것처럼 저는 공자를 무척 존경합니다. 이에 저는 제 나이 천명을 아는 나이인 2008년 공자의 14년간의 주유천하를 경험하고자 7월과 8월 두 번에 걸쳐 약 한달간의 일정으로 중국을 여행하였습니다. 공자 당시의 중국천하는 오늘과 달리 지금의 산동성과 하남성 일대의 지극히 좁은 지역이었습니다. 한달여 동안 2,500년 전에 공자 일행이 거쳐 간 나라, 도시, 유적을 추적하면서 공자와 제자들의 꿈과 희망, 이상과 포부 그리고 천하 만민을 구제하고자 하는 마음을 느끼고 체득하고자 하였습니다. 주유천하는 공자에게는 자신을 더욱 비우는 과정이었고 또한 나누는 과정이기도 했음을 깨달았습니다. 저 또한 비움과 나눔을 조금이라도 체득하는 귀한 시간이 되었지요. 답사 일정을 마칠 때는 이미 공자와 저는 시간과 공간을 초월하여 하나가 되어 있음을 감지했습니다. 하나이면서 둘이고, 둘이면서 하나인 상태 말입니다.

저의 주유천하 답사기는 현재 초고가 거의 완성되어 수정 보완작업을 하고 있습니다. 머지않아 『공자의 길 산하에서 찾다』라는 제목으로 출간될 예정입니다.

기대하십시오!!!

이상에서 비움과 나눔에 대하여 간략하게 알아보았습니다. 이것을 정리하면,

우리는 마음을 비워야 하는데, 마음을 비우는 순서는, 물질을 비우고, 감정을 비우며, 생각을 비우는 것입니다.

다음으로 비우는 방법에는 버리는 방법과 나누는 방법이 있습니다. 그리고 나눔에는 또한 정신적인 것과 물질적인 것이 있습니다.

우리는 이 비움의 의미를 진정 깨달아야 합니다. 마음을 비운다함은 비움으로 채운다는 뜻이며, 이 비움이 곧 공부이니 공부로 채운다는 뜻이기도 합니다. 채우기 위해서 비움을 강조하는 거죠. 비움은 깨달음이기도 합니다. 그곳을 우주로 채울 수 있어야 합니다.

노자는 말하였지요.

"학문을 하는 것은 날로 더해가는 것이고,
도를 닦는 것은 날로 덜어내는 것이다
덜어내고 또 덜어내어 함이 없는데 이르면,
함이 없으면서도 하지 아니함이 없다."

또한 노자는 이런 비유를 들기도 하였죠.

"서른 개 바퀴살이 하나의 바퀴머리에 모인다.
그 바퀴머리의 빔에 수레의 쓰임이 있다.
진흙을 빚어 그릇을 만든다.
그 그릇의 빔에 그릇의 쓰임이 있다.
문과 창을 뚫어 방을 만든다.
그 방의 빔에 방의 쓰임이 있다.
그러므로 있음이 이익이 됨은
없음의 쓰임이 있기 때문이다."

바로 비움과, 쓸모없는 것 같지만 쓸모있는 '무용지용無用之用'을 말하고 있네요. 옛 사람들은 차면 손해를 부르고, 차면 넘치며, 겸손하면 이익을 받고,(겸수익謙受益) 마음을 비우고 남을 받아들이라고 하셨죠.(허수인虛受人) 비움은 겸손이고 낮춤이기도 하지요.

우리가 해야되는 공부의 대부분이 비움에 대한 공부입니다.

서두에서 예로 든 장횡거선생의 시를 다시 보시죠. '천지를 위하여 마음을 세우고, 만민을 위하여 도를 확립한다'는 바로 비움이 아닐까요. 물질적인 다른 것을 추구하는 것이 아닌 공간적으로는 천지와 백성을 위하는 것이니까요. 그리고 '옛 성인을 위하여 끊어진 학문을 잇고, 만세를 위하여 태평시대를 여노라.'는 바로 나눔을 표현하고 있는 것입니다. 시간적으로는 옛 정신을 이어 당대의 사람들과 함께하고 이것을 후대사람에게 전해주는 것이니까요.

가장 큰 얻음은 가장 큰 비움과 동일한 것이며, 내가 이 세상에서 가지고자 했던 것들이 사실상 가장 큰 짐임을 안다면 얻음의 목표가 버림에 있어야 함을 알 수 있는 것입니다. 결국 비워야 얻는 것이고 비운만큼 받습니다. 하늘의 원리는 항상 많이 비우는 자가 많이 받습니다.

그러면 현대사회에서 과연 진정한 행복이 무엇일까요? 거둬들이고 채우는 것만이 과연 능사일까요. 우리는 그동안 숨가쁘게 앞만 보고 달려왔습니다. 오로지 얻기 위해서 소유하기 위해서 말이죠.

그러나 이제는 주변을 돌아볼 때가 되었습니다. 그동안 우리는 너무나 자기 자신만을 생각했지요. 기껏해서 범위를 넓힌다 하더라도 가족, 국가라고나 할까요. 자연과 만물과 하늘이 있는데도 말입니다. 이제는 자기 자신은 물론 살아있는 모든 것 더 나아가 존재하는 모든 것을 사랑하고 함께하는 마음가짐을 가져야 하겠습니다. 우리가 지금

이런 문명의 혜택을 누리고 있는 것은 모두 그들의 희생과 협조가 없었으면 불가능했을 것입니다.

이제 우리는 모든 것에 감사하는 마음으로 화해와 상생으로 비움과 나눔을 실천하여야 하겠습니다. 나눔의 파장은 소유의 파장과는 비교할 수 없을 만큼 큽니다. 맑고 밝고 따뜻한 마음으로 세상의 무게를 한 줌이라도 덜어내야 하겠습니다.

비움, 즉 '공空'과, 나눔, 즉 '공共'은 바로 21세기를 살아가는 우리 모두의 화두이기도 합니다.

<참고 문헌>

주희,『사서장구집주』, 중화서국, 1989
『논어집주대전』(『경서』본), 성균관대학교 대동문화연구원, 1965
성백효,『논어집주』, 2008
김학주,『논어』, 서울대학교출판부, 2008
장기근,『논어』, 명문당, 1977
김영호,『다산의 논어해석 연구』, 심산, 2003
김영호,『논어의 주석과 해석학』, 문사철, 2010
김영호,『조선시대 논어해석 연구』, 심산, 2011
김영호,『논어-공자와의 대화』, 산지니, 2012
김영호,『논어, 주역과 함께 읽다』, 신아사, 2017
김영호 외,『논어의 종합적 고찰』, 심산, 2003
이지형 역,『논어고금주』1-5, 사암, 2010
金谷治,『논어』, 암파서점, 2005
下村湖人,『논어』(논어 이야기), 현암사, 2007
貝塚茂樹,『논어』(2), 중앙공론사, 2003
貝塚茂樹,『논어』(강담사현대신서), 강담사, 2000
重野篤二郎,『論語精解』, 백제사, 1938
諸橋徹次,『논어의 강의』, 대수관서점, 1973
木村英一,『논어』, 강담사, 1994

『춘추좌씨전』, 문선규역, 명문당, 1985
王肅,『공자가어』(한문대계본), 부산방, 1972
藤原正校譯,『孔子家語校正』, 암파문고, 2007
이민수 역,『공자가어』, 을유문화사, 2003

사마천,『사기』(세가, 열전), 중화서국, 1982
정범진 외 역,『사기』,(세가, 열전), 까치, 2008
이성규 편역,『사기』, 서울대출판부, 1996
小川環樹 외 역,『사기』(세가, 열전), 암파서점, 1991

최술(이재하 외 역),『수사고신록』, 한길사, 2009
최술(이재하 역),『수사고신여록』, 한길사, 2009

『孔子聖蹟圖』, 제로서사, 2005
『성적지도』, 현대출판사, 2007
『공자성적도』, 현대출판사, 2007
『72제자도보』, 중국화평출판사, 1991

김기주 외,『공자성적도』, 예문서원, 2003
『大哉孔子』, 제로서사, 2004
駱承烈 외,『孔子故里勝蹟』, 제로서사, 1992
『곡부사적백제』, 제로서사, 1987
『곡부』, 문물출판사, 1990
『공자여곡부』, 화어교학출판사, 1996

孟憲斌,『孔子周游列國志』, 요해출판사, 2001
낙승열,『공자역사지도집』, 중국지도출판사, 2003
『중국역사지도집』, 중국지도출판사, 1996
郭沫若,『중국사고지도집』(상), 중국지도출판사, 1996

江連隆,『논어와 공자의 사전』, 대수관서점, 1999
『사서사전』, 호북인민출판사, 1998
진갑곤,『사서색인』, 중문출판사, 1994
장대년편,『공자대사전』, 상해사서출판사, 1993
『13경사전』(「논어」권), 섬서인민출판사, 2002

錢　穆,『공자전』, 삼련서점, 2005
전　목,『論語要略』(『四書釋義』본), 학생서국, 1990
전　목,『先秦諸子繫年』, 상무인서관, 2005
匡亞明,『공자평전』, 남경대학출판사, 1995
鍾肇鵬,『공자연구』, 중국사회과학출판사, 1991
임어당(민병산역),『공자의 사상』, 현암사, 1990

蔡仁厚, 『孔門弟子志行考述』, 대만상무인서관, 2001
『공씨가족』(『공자여곡부』본), 화어교학출판사, 1996

이석호, 『공자』, 의명당, 1983
유명종, 『공자의 인간애』, 현대미학사, 2001
진현종, 『여기 공자가 간다』, 갑인공방, 2005
금곡치, 『공자』, 강담사, 1980
목촌영일, 『공자와 논어』, 창문사, 1984
白川靜(장원철 역), 『공자전』(사람의 마음을 움직여 세상을 바꾸리라), 한길사, 2004
武子小路實篤(이원섭 역), 『대지의 스승 공자』(영원한 인간상 1), 신구문화사, 1967
패총무수(박연호 역), 『공자의 생애와 사상』, 서광사, 1989
井上靖(양억관 역), 『나의 스승 공자』, 현대문학북스, 2002
크릴(이성규 역), 『공자』, 지식산업사, 2004

장주(안동림 역), 『장자』(내편), 현암사, 1974
『산동성지도책』, 산동성지도출판사, 1993, 2008

천지를 위하여 마음을 세우고
만민을 위해서 도를 확립한다.
옛 성인을 위하여 끊어진 학문을 잇고
만세를 위하여 태평시대를 여노라.

― 송, 장횡거 ―

김 영 호 (金暎鎬)

성균관대학교 유학대학 유학과를 졸업하고 동 대학원 동양철학과 석사 및 박사 과정을 수료했다.(철학박사) 성균관대학교, 한양대학교, 동덕여자대학교 등에서 강의하였으며, 중국 산동사범대학 한국어과 교수, 중국사회과학원 철학연구소 방문학자를 지내고 현재 영산대학교 성심교양대학 교수로 재직 중이다.

저서로는 『다산의 논어해석 연구』(심산, 2003), 『노주 오희상 가학 연구』(심산, 2010), 『논어의 주석과 해석학』(문사철, 2010), 『조선시대 논어해석 연구』(심산, 2011) 등이 있으며, 역서로는 『논어』- 공자와의 대화(산지니, 2012), 『논어, 주역과 함께 읽다』(신아사, 2017』 등이 있다.

공자의 길, 산하에서 찾다

2022년 3월 17일 초판1쇄 인쇄
2022년 3월 25일 초판1쇄 발행

지은이 | 김 영 호
펴낸이 | 김 영 환
펴낸곳 | 도서출판 다운샘

05661 서울특별시 송파구 중대로27길 1
전화 (02) 449 - 9172 팩스 (02) 431- 4151
E-mail : dusbook@naver.com
등록 제1993-000028호

ISBN 978-89-5817-507-0 03150
값 14,000원